ENCYCLOPEDIA OF
Petroliana
Identification and Price Guide

Mark Anderton

ECHO POINT BOOKS & MEDIA, LLC
Brattleboro, Vermont

Published by Echo Point Books & Media
Brattleboro, Vermont
www.EchoPointBooks.com

All rights reserved.
Neither this work nor any portions thereof may be reproduced, stored in a retrieval system, or transmitted in any capacity without written permission from the publisher.

Please note that the prices cited here are not current valuations
but reflect market conditions as of 1999.

Copyright © 1999, 2020 by Mark Anderton

Encyclopedia of Petroliana
ISBN: 978-1-63561-932-4 (casebound)
978-1-63561-933-1 (paperback)

Cover design by Kaitlyn Whitaker

Cover image: "Retro Gas Station" by jgroup courtesy of iStockphoto

*This book is dedicated to all the enthusiasts
of
Oil & Gas collectibles.*

About the Author

This is the second time I've compiled a price guide and the decision to do so was much easier for me this time around. I knew exactly what I wanted to include, how I wanted it organized and most importantly, I had a better feeling for what collectors, dealers and customers wanted. After we found a publisher who was as excited about this project as we were, we forged ahead with this ambitious undertaking, and compiled what I feel is the best, and most complete guide to petroliana ever.

With the vast amount of information we have gathered from numerous auctions and years upon years of experience, we felt it was time to share this information with our customers and offer it in a way that is both an accurate representation of the items available, as well as an easy-to-use guide.

My roots are firmly embedded in the business of oil and gas and the vast amount of items that have resulted from its manufacture, sale and containment. My great grandfather founded the Continental Refining Company, better known as CORECO, in my home town of Oil City, Pennsylvania, in 1885. His name was Thomas Anderton, and he founded the company with two other men, who he bought out that same year. They went off in separate directions, too, and were quite successful in their own endeavors. Louis Waltz went on to form the Penn Refining Works, or as it is known today, Pennzoil. Pennzoil is still a strong presence in our community and employs many local people at its Rouseville, Pennsylvania, refinery.

By 1915, CORECO had numerous local and regional distributors of its products. It consisted of more than fifty service stations spread out over three Canadian provinces, plus dozens of rail facilities and an ocean port facility in Pennsylvania. CORECO used the trademarks Pennselect, Continental Motor Oil, CORECO and Penntinental, and also produced a wide variety of other products including floor oil, dry cleaning agents, glass cleaners and even livestock sprays.

Unfortunately, little remains today of what was once a flourishing refinery. After the war, crude oil, which had once been so plentiful and dependable, could be found no longer. Without these valuable resources for refinement, business became more difficult. Besides that, competitors began to merge into major refineries and the smaller companies were forced out of business. Today is a sharp contrast from the early years of the company, when many of my uncles as well as my father worked for CORECO.

The company I started in 1989, Collectors Auction Services, specializes in the sale of early Gas and Oil memorabilia. We hold, and continue to establish, many world records in the sale of these wonderful, beautiful and interesting artifacts of a bygone era.

If you're ever lucky enough to visit the historic Oil Region, be sure to stop at the numerous noteworthy sites that dot the area. Drake Well Park, located in Titusville, Pennsylvania, is where the first oil well in the world was drilled. It is situated next to Oil Creek, which flows through the Oil Creek Valley and is known as the "Valley That Changed World."

Collectors Auction Services holds several catalogued sales a year that include the finest Oil and Gas memorabilia that has ever been offered for sale. The company also sponsors the Historic Oil Region's Annual Oil & Gas Swap Meet in Oil City, Pennsylvania, each July.

You can call us at (814) 677-6070 or e-mail me at: manderton@mail.usachoice.net with any questions or comments. We sincerely hope you find this book helpful and educational and above all, enjoy it. It was truly a labor of love.

About the Author 4
Acknowledgments 6
Introduction 7
"A" Companies 8
"B" Companies 29
"C" Companies 33
"D" Companies 47
"E" Companies 52
"F" Companies. 66
"G" Companies 72
"H" Companies 74
"I" Companies 77
"J" Companies 78
"K" Companies 81
"L" Companies 86
"M" Companies 87
"N" Companies 110
"O" Companies 111
"P" Companies. 117
"Q" Companies 139
"R" Companies 146
"S" Companies. 166
"T" Companies 209
"U" Companies 236
"V" Companies 237
"W" Companies 241
"Y" Companies 248
"Z" Companies 248

Acknowledgments

To my wife, Anna, Kathy, Pat, Sheila and Sherry for their endless hours of cutting photos and entering data.

Introduction

After holding twenty plus auctions dealing with Oil and Gas collectibles over the course of several years we at Collectors Auction Services have decided to compile this vast amount of information into one, easy-to-understand guide. We wanted to share with you our unique perspective on the Oil and Gas collectibles market through this price guide. Since we first began selling Oil and Gas collectibles in May of 1991, we have accumulated a huge library of photos and prices realized at auction. This book is our attempt to show you the wide array of collectibles that are available, provide accurate pricing, and give you the knowledge needed either to begin a collection, or add to the one you already have.

This book is only intended as a guide and from past experience, we know that there are many factors that contribute to the value of an item and what someone is willing to pay for that item. These "buying conditions" can change quickly and without warning. What an item was bought for yesterday is likely to change tomorrow. In some cases it will sell stronger and in other cases it will not. Supply and demand rule. This book's intention is to give a prospective buyer or seller a "ball park estimate" of what an item may be worth.

Also, at the end of the book, we have attempted to address the now-prominent problem of phony "reproductions." A problem that seems to invade any hobby, I don't believe the look-alike replicas that are sold and dated as such are so much the problem as are the items that are produced, dated and sold with the intent to deceive. That is where the real problems for the hobby lie.

The value ranges provided in this guide are there to help you judge what an item is or could be worth. There are many factors that come into play when deciding what that value may be. Among others, they are: No. 1 is condition, which cannot be overstated. No. 2 is the rarity of the piece, which can also be an extremely decisive factor. No. 3 is the aesthetic value. Is the item pleasing to the eye? No. 4 is the item's historical value or family ties to the item. An item, for instance, that once belonged to your great-great grandfather would hold more value for that individual than it would for someone with no family ties. These are just a few factors, in our opinion, that would add to the value of an item.

Sizes given in this guide are within 1/4 inch. Globe sizes are measured diagonally across the lens.

As with any price guide, your own sales experiences, including swap meets, advertised sales in trade papers and Internet sales, play a major role in what you feel an item is worth. Keep this in mind as you add new items to your collection.

Good luck, and I hope this price guide makes your collecting experience as fun and fruitful as mine has been.

1. Ace Wil-Flo tin quart. 5 1/2" h. **$20-$50.**

2. Ace High Motor Oil tin quart. 5 1/2" h. **$40-$80.**

3. Ace High Motor Oil tin five quart. 9 1/2" h. **$40-$80.**

4. Ace High Motor Oils tin five gallon easy pour. 16" h. **$80-$100.**

5. Ace High Motor Oil tin five gallon pail. 14" h. **$30-$100.**

6. Ace High Motor Oils paper advertisement framed. 15 1/2" h. 33 1/2" w. **$325-$400.**

1. Aero Eastern Motor Oil tin quart. 5 1/2" h. **$190-$250.**

2. Super Refined Aero Motor Oil tin quart. 5 1/2" h. **$120-$150.**

3. Super Refined Aero Eastern Motor Oil tin two gallon. 11" h. **$40-$80.**

4. Aero Motor Oil tin two gallon. 11" h. **$20-$50.**

5. Super Refined Aero Motor Oil tin two gallon. 11" h. **$20-$50.**

1. All Pen Motor Oil tin five quart. 9 1/2" h. **$60-$90.**

2. All Pen Motor Oil tin gallon. 9 1/2" h. **$20-$50.**

3. All Pen Motor Oil tin gallon. 10" h. **$20-$50.**

4. All Pen Motor Oil tin rack. 50" h. 21 1/2" w. **$200-$250.**

5. Americo Motor Oil tin gallon. 11" h. **$20-$50.**

6. American three piece glass body globe. Lens dia. 13 1/2". **$250-$300.**

1

2

1. American Gas globe with metal body and two lenses. 15" dia. **$300-$350.**

2. American Gas globe glass body with two lenses. 12 1/2" dia. **$190-$250.**

3

3. American Motor Oils tin sign. 10 1/2" h. 35" w. **$200-$250.**

4. American Oil Co. Charge Accounts Honored Here porcelain sign. 13" h. 24" w. **$50-$80.**

5. Super Permalube American Oil Company tin sign. 30" h. 22" w. **$160-$200.**

4

5

11

1

2

3

4

1. Amoco Motor Oil tin half gallon. 5 1/2" h. **$50-$70.**

2. Amoco Motor Oil tin two gallon. 10" h. **$50-$100.**

3. Amoco Motor Oil tin one gallon. 8 3/4" h. **$5-$25.**

4. Amoco Motor Grease tin one pound. 4 1/2" h. **$10-$20.**

5. Amoco glass body globe with two lenses. 12 1/2" dia. **$250-$300.**

6. Amoco glass body with 2 lenses. 13 1/2" dia. **$300-$350.**

5

6

1. Amoco attendant's hat. Size 7 1/4. **$180-$230.**

2. Amoco electric lamp. 18 1/4" h. **$100-$150.**

3. Amoco Courtesy Cards Honored Here porcelain sign. 15" h. 24" w. **$35-$60.**

4. Amoco Motor Oil metal sign. 11 1/2" h. 21 1/4" w. **$100-$150.**

5. Amoco Lubricants paper banner. 34" h. 43" w. **$20-$50.**

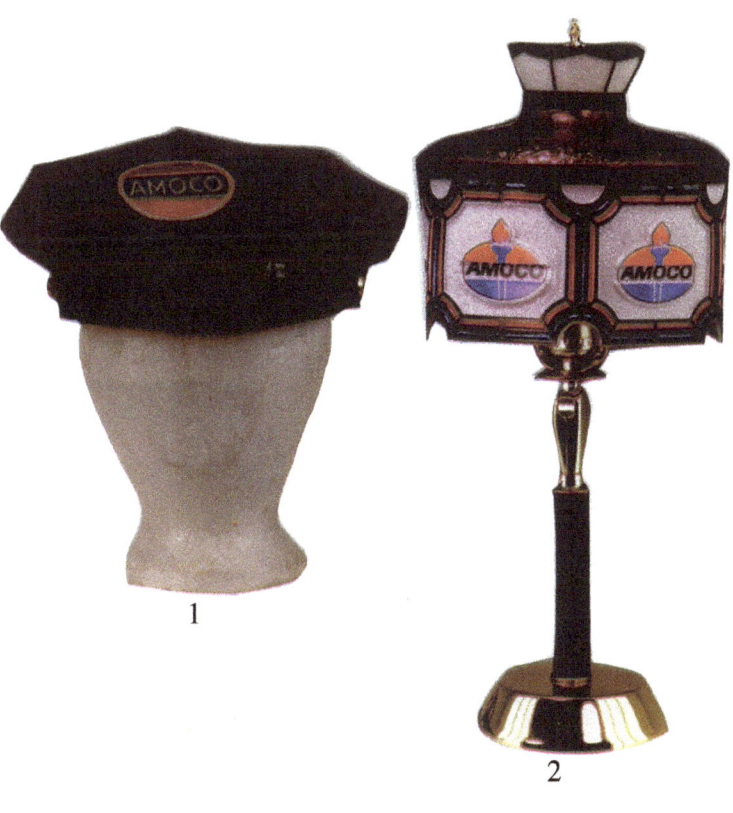

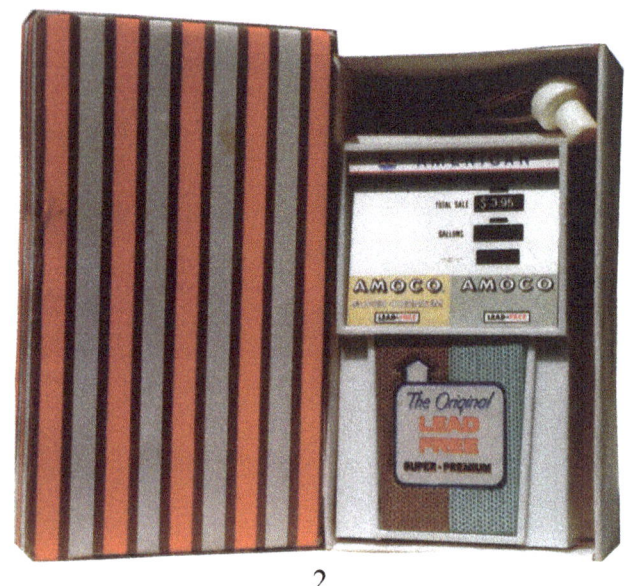

1. Amalie Motor Oil metal curb sign. 42" h. 24" w. **$135-$150.**

2. Amoco radio in box. 4 1/2" h. 2 1/2" w. **$50-$100.**

3. Amalie Motor Oil light up clock. 15" dia. **$250-$300.**

4. Amalie Sub-Zero Motor Oil metal sign. 14" h. 19 1/2" w. **$75-$100.**

5. Amalie Motor Oil tin sign. 40" h. 10" w. **$100-$200.**

1. Amalie Motor Oil porcelain sign.
20" h. 28" w. **$300-$400.**

2. Amalie Motor Oil tin sign.
11 1/2" h. 35 1/2" w. **$50-$100.**

3. Amalie light up menu board.
12 1/2" h. 34 1/4" w. **$40-$90.**

4. Archer Outboard tin quart. 5 1/2" h.
$20-$50.

5. Archer Lubricants tin quart.
5 1/2" h. **$25-$50.**

6. Archer Lubricants tin two gallon.
11" h. **$35-$75.**

1

2

3

4   5   6

1. Ashland Plus plastic body globe with two lenses. 13 1/2" dia. **$100-$150.**

2. Ashland Kerosene plastic body globe with two lenses. 13 1/2" dia. **$150-$200.**

3. Ashland Products paper advertisement framed. 33 3/4" h. 27" w. **$275-$350.**

4. Atlantic Outboard Motor Oil tin quart. 7 1/2" h. **$50-$100.**

5. Atlantic Quality Motor Oil tin quart. 5 1/2" h. **$20-$50.**

6. Atlantic Aviation Motor Oil tin quart. 5 1/2" h. **$5-$20.**

7. Atlantic Motor Oil Aviation tin quart. **$125-$135.**

1. Atlantic Motor Oil Aviation tin five quart. 9 1/2" h. **$50-$100.**

2. Atlantic Motor Oil For Fords tin gallon. 11" h. **$125-$175.**

3. Atlantic tin gallon. 8 3/4" h. **$5-$20.**

4. Atlantic Motor Oil Transmission tin gallon. 11" h. **$40-$75.**

5. Atlantic Motor Oil Polarine tin gallon. 11" h. **$30-$90.**

6. Atlantic Capitol Motor Oil tin two gallon. 11 1/2" h. **$5-$50.**

7. Atlantic Motor Oil five gallon with box. 14 1/2" h. **$25-$75.**

1

2

3

4

5

6

7

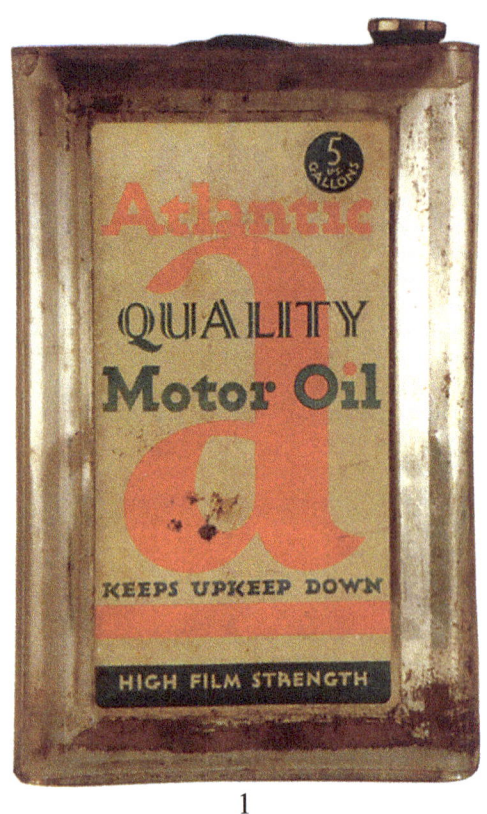

1. Atlantic Motor Oil tin five gallon. 14" h. **$30-$90.**

2. Atlantic Motor Oil tin five gallon. 14" h. **$40-$90.**

3. Atlantic Grease tin five pound pail. 6 1/2" h. **$10-$50.**

4. Atlantic Hi-Arc glass body globe with two lenses. 13 1/2" dia. **$350-$450.**

5. Atlantic Imperial glass body globe with two lenses. 13 1/2" dia. **$250-$325.**

6. Atlantic Premium glass body globe with two lenses. 13 1/2" dia. **$700-$1000.**

1. Atlantic lens. 13 1/2" dia. **$80-$120.**

2. Atlantic Hi-Arc lens. 13 1/2" dia. **$125-$175.**

3. Atlantic Capitol Gasoline metal body globe with two lenses. 16 1/2" dia. **$350-$425.**

4. Atlantic Gasoline glass body with two lenses. 13 1/2" dia. **$300-$400.**

5. Atlantic Ethyl Gasoline lens. 16 1/2" dia. **$350-$450.**

6. Atlantic White Flash pump insert. 5" h. 12 5/8" w. **$20-$80.**

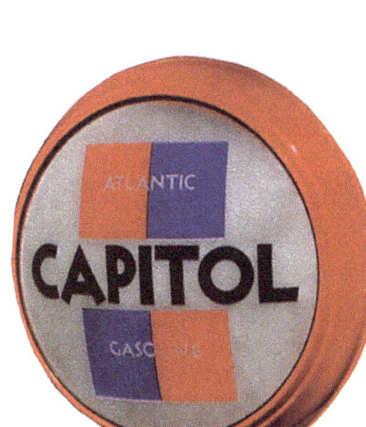

1. Atlantic Gasoline lens. 15" dia. **$100-$150.**

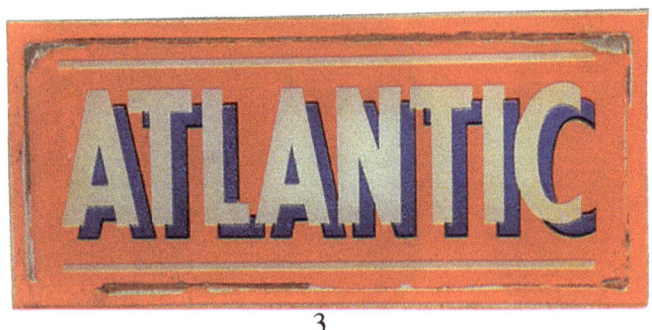

2. Atlantic Refining Company porcelain sign. 10" h. 9 1/2" w. **$350-$450.**

3. Atlantic pump insert. 4 3/4" h. 10 1/2" w. **$5-$25.**

4. Atlantic porcelain sign. 9" h. 13" w. **$10-$25.**

5. Atlantic White Flash Erie pump restored. 73" h. **$400-$800.**

6. The Atlantic Refining Company porcelain sign. 10" h. 10" w. **$150-$250.**

1. Atlantic Imperial Motor Oil metal sign. 10 1/2" h. 17 5/8" w. **$100-$150.**

2. Atlantic Imperial Motor Oil metal sign. 5" h. 17 3/4" w. **$25-$75.**

3. Atlantic Imperial tin pump sign. 11 3/4" h. 9" w. **$50-$100.**

1

2

3

4

4. Atlantic Premium porcelain sign. 26" h. 48" w. **$50-$100.**

5. Atlantic porcelain sign. 11" h. 13" w. **$50-$100.**

5

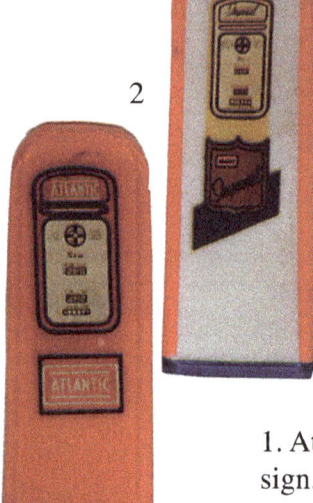

1. Atlantic Hi-Arc porcelain sign. 17" h. 13" w. **$50-$150.**

2. Atlantic plastic salt and pepper shakers. 2 3/4" h. **$50-$150.**

3. Atlantic porcelain sign. 7 1/2" h. 13" w. **$10-$50.**

4. Atlantic White Flash porcelain sign. 17" h. 13" w. **$130-$200.**

5. Atlantic Kerosene porcelain sign. 17" h. 13 1/2" w. **$100-$200.**

1. Atlantic Diesel Fuel porcelain sign. 17" h. 13" w. **$50-$100.**

2. Atlantic Motor Oil metal sign. 29 1/2" h. 26" w. **$100-$200.**

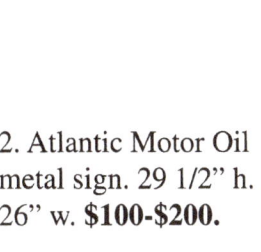

2

1

3. Atlantic White Flash tin license plate attachment. 4 1/2" h. **$45-$90.**

4. Atlantic Diesel porcelain sign. 9 1/2" h. 13" w. **$50-$100.**

3

4

5. Atlantic Lubrication Service metal sign. 12" h. 30" w. **$50-$125.**

5

23

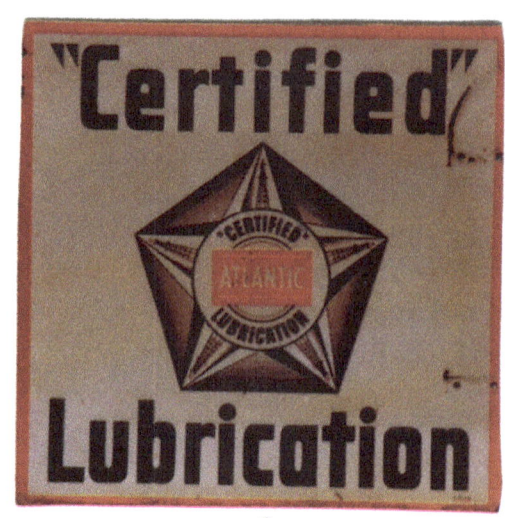

1. Atlantic Refining Company Automobile Gasoline porcelain sign. 20" h. 30" w. **$150-$250.**

2. Atlantic Lubrication metal sign. 19 1/2" h. 20" w. **$50-$100.**

3. Atlantic Refining Company Gasoline Polarine Oils and Greases porcelain sign. 20" h. 28" w. **$350-$500.**

4. Atlantic Motor Oil Aviation tin sign in frame. 38" h. 12 1/8" w. **$300-$400.**

5. The Atlantic Refining Company Automobile Gasoline porcelain flange sign. 20" h. 30" w. **$400-$500.**

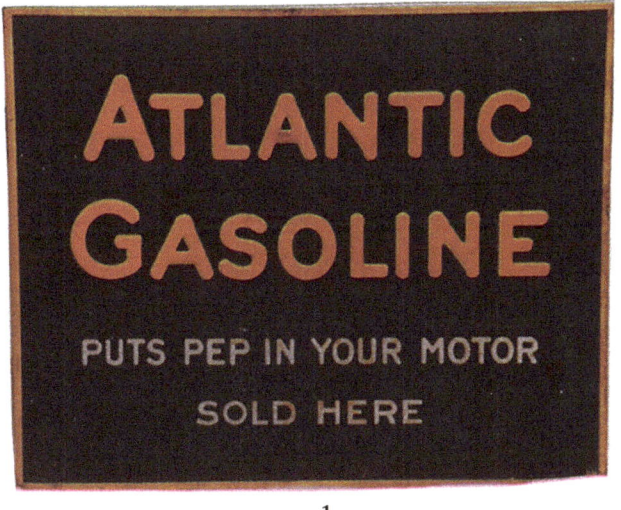

1

2

1. Atlantic Gasoline metal flange sign. 17 1/2" h. 22 1/2" w. **$150-$250.**

2. Atlantic Motor Oils metal flange sign. 17 1/2" h. 22 1/2" w. **$50-$150.**

3. Ask for Atlantic Motor Oil porcelain sign. 15" h. 21 1/2" w. **$70-$120.**

4. Atlantic Credit Cards Honored Here porcelain sign. 10" h. 15" w. **$100-$150.**

5. Atlantic Heating Oils tin sign framed. 36" h. 36" w. **$50-$125.**

3

4

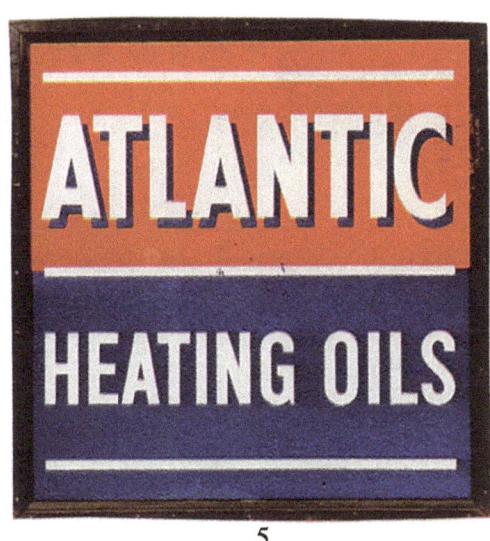

5

1. Atlantic Refining Company cloth flag. 53 1/2" h. 86 1/2" w. **$50-$100.**

2. Atlantic Motor Oil Aviation Tested cloth banner. 28 5/8" h. 53 1/2" w. **$400-$600.**

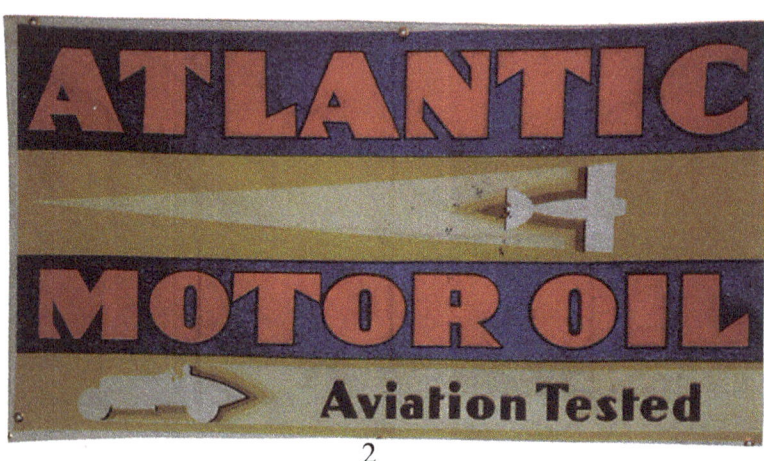

3. Atlantic Aviation Motor Oil You're Safe paper poster. 46" h. 28" w. **$100-$200.**

4. Atlantic Maximum Mileage Blotter. 3" h. 6" w. **$50-$100.**

1. Admiral Penn tin five quart.
9 1/2" h. **$150-$200.**

2. Aerio Gas glass green ripple body with two lenses.
13 1/2" dia. **$5000-$10000.**

3. Agalion Motor Oil tin gallon.
10" h. **$150-$200.**

4. Air Chief Motor Oil two gallon. 11 1/2" h. **$50-$100.**

5. Aladdin Gas metal body with two lenses.
15" dia. **$275-$350.**

1. Anchor Motor Oil tin two gallon. 11" h. **$20-$40.**

2. A-penn Motor Oil tin two gallon. 10 1/2" h. **$5-$20.**

3. Around the World Motor Oil tin two gallon. 10 1/2" h. **$50-$100.**

4. Atlas Motor Oil tin 5 gallon. 14" h. **$25-$75.**

1. Barnsdall Dependable Products porcelain sign. 47 1/2" h. 47 1/2" w. **$100-$225.**

2. Barnsdall Super-Gas Ethyl porcelain sign. 30" dia. **$150-$250.**

3. Barnsdall Products porcelain sign. 30" dia. **$40-$120.**

1

2

3

4. Bay Gas plastic body with two lenses. 13 1/2" dia. **$250-$350.**

4

1

2

3

1. Beacon Aviation glass body globe with two lenses. 13 1/2" dia. **$3500-$5000.**

2. Bell Ethyl plastic body globe with two lenses. 13 1/2" dia. **$375-$550.**

3. Blue Eagle Motor Oil tin two gallon. 11 1/2" h. **$50-$100.**

4. Bolivar Motor Oil tin five quart. 9 1/2" h. **$50-$100.**

5. Bolivar Gas glass body globe with two lenses. 13 1/2" dia. **$500-$700.**

4

5

1. Bonded Motor Oil tin two gallon. 11 1/2" h. **$50-$100.**

2. Booster Motor Oil tin two gallon. 11" h. **$10-$40.**

3. Booster Motor Oil tin five gallon. 14" h. **$120-$200.**

4. Boron Supreme glass body globe with two lenses. 13 1/2" h. **$100-$250.**

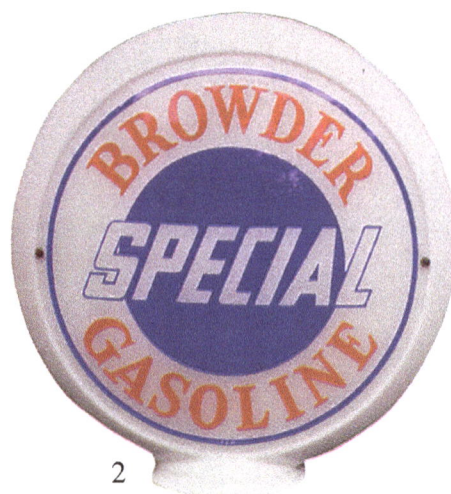

1. Browder Regular 76 Gasoline plastic body globe with two lenses. 13 1/2" dia. **$500-$700.**

2. Browder Special Gasoline glass body globe with two lenses. 13 1/2" dia. **$250-$350.**

3. Bull's Head tin two gallon. 11 1/2" h. **$50-$100.**

4. Bull's Head tin two gallon. 10 1/2" h. **$100-$200.**

5. Bruin Petroleum Products gallon. 10 3/4" h. **$100-$300.**

1. Calso Gasoline glass body globe with two lenses. 13 1/2" dia. **$400-$600.**

2. Calso Supreme Gasoline plastic body globe with two lenses. 13 1/2" dia. **$150-$200.**

1

2

3. Calso Gasoline glass body globe with two lenses. 13 1/2" dia. **$500-$1000.**

4. Calso Supreme glass body globe with two lenses. 13 1/2" dia. **$200-$300.**

3

4

1. Capitan Parlube Motor Oil tin two gallon. 10 1/2" h. **$100-$150.**

2. Capitol Lubricant one pound tin grease. 4 1/2" h. **$10-$30.**

3. Capitol Motor Oil tin two gallon. 10" h. **$15-$25.**

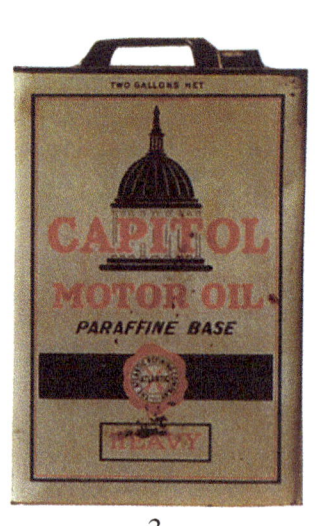

4. Capitol Motor Oil tin two gallon. 10 1/2" h. **$35-$50.**

1. Champlin HI-V-I Motor Oil tin quart. 5 1/2" h. **$5-$15.**

2. Champlin Presto Gasoline glass body globe with two lenses. 13 1/2" dia. **$300-$450.**

1

2

3. Champlin Ethyl Gasoline porcelain sign. 30" dia. **$200-$325.**

4. Champlin Gasoline porcelain sign. 36" h. 36" w. **$100-$200.**

5. Champlin HI-V-I Motor Oil metal sign. 20" h. 32" w. **$60-$120.**

3

4

5

1. Chesterfield Super Motor Oils tin two gallon. 11" h. **$25-$75.**

2. Chesterfield Super Motor Oils tin two gallon. 9 1/2" h. **$75-$150.**

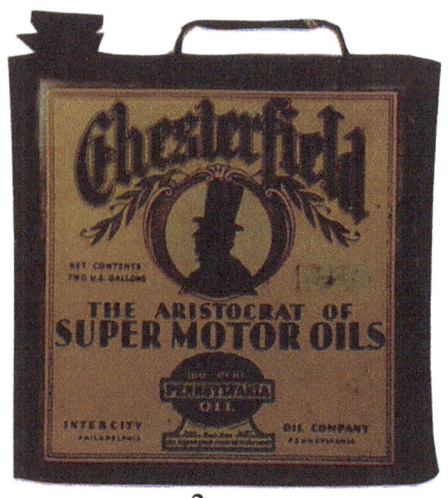

3. Cities Service HD Koolmotor tin quart. 5 1/2" h. **$10-$30.**

4. Cities Service Oils tin quarter gallon. 7 1/4" h. **$50-$100.**

1. Cities Service tin gallon. 9 1/2" h. **$5-$25.**

2. Cities Service Oils tin gallon. 10 1/2" h. **$75-$150.**

3. Cities Service Oils Once-Always metal body with two lenses. 15" dia. **$500-$800.**

4. Cities Service Koolmotor glass body with two lenses. 13 1/2" dia. **$650-$1000.**

1. Cities Service Oils Once-Always porcelain sign. 10 1/4" dia. **$225-$300.**

2. Cities Service Test Plate porcelain sign. 6" h. 4" w. **$25-$75.**

3. Cities Service clover leaf porcelain sign. 14 1/2" h. 15" w. **$200-$350.**

4. Cities Service Pipe Line Company Danger High Pressure Oil Line porcelain sign. 8" h. 19" w. **$100-$175.**

1

1. Cities Service thermometer.
12" dia. **$150-$250.**

2

2. Cities Service rubber ball. 3" dia.
$25-$50.

3

3. Cities Service pocket knife. 3" len.
$25-$75.

4. Cities Service salesman sample bottles in case. 11 3/4" h. 8" w. **$75-$125.**

4

1. Colonial Ethyl porcelain sign. 25" h. 30" w. **$400-$600.**

2. Colonial Gas porcelain sign. 23" h. 49" w. **$100-$300.**

3. Conoco Super Motor Oil Heavy Duty tin quart. 5 1/2" h. **$5-$25.**

4. Conoco Super Motor Oil tin quart. 5 1/2" h. **$5-$25.**

5. Conoco Super Motor Oil tin quart. 5 1/2" h. **$5-$25.**

6. Conoco Nth Motor Oil tin quart. **$20-$50.**

1. Conoco Outboard Motor Oil tin quart. 7 1/2" h. **$25-$75.**

2. Conoco Harvester Oil tin half gallon. 6 1/2" h. **$650-$1000.**

3. Conoco Oil tin gallon. 11 1/2" h. **$20-$50.**

4. Conoco Motor Oil tin gallon. 11 1/2" h. **$1000-$1500.**

5. Conoco Household Lubricant tin eight ounce. 5" h. 2 1/2" dia. **zzzz**

1. Conoco plastic body globe with two lenses. 13 1/2" dia. **$150-$225.**

2. Conoco lens. 13 1/2" dia. **$90-$150.**

3. Conoco porcelain pump sign. 8 1/2" h. 6 1/4" w. **$100-$175.**

4. Conoco porcelain sign. 30" h. 27" w. **$100-$300.**

5. Conoco Travel Information painted metal sign. 18" h. 24" w. **$1000-$1500.**

1. Conoco Gasoline porcelain sign. 25 1/4" dia. **$2500-$4000.**

2. Conoco We Honor Credit Cards painted metal sign. 30" dia. **$200-$500.**

3. Conoco Ladies painted metal flange sign. 5" h. 10" w. **$100-$200.**

4. Conoco Do Not Oil While in Motion porcelain sign. 8" h. 15" w. **$90-$200.**

1

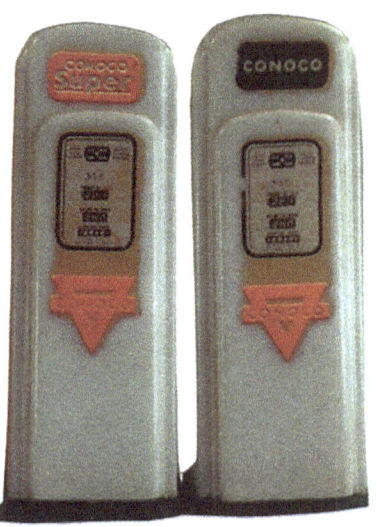

2

1. Conoco Lubrication book. 60" h. 48" w. **$300-$500.**

2. Conoco salt and pepper plastic shakers. 2 1/2" h. **$30-$60.**

3

4

3. Cross Country tin five quart. 13" h. **$20-$50.**

4. Cross Country tin ten quart. 13" h. **$15-$25.**

1. Cross Country tin two gallon. 11" h. **$15-$40.**

2. Cross Country tin five gallon. 14 1/2" h. **$2-$50.**

3. Cross Country tin two quart pitcher. 8 1/2" h. **$30-$75.**

4. Cross Country tin five gallon pail. 12" h. 12" dia. **$10-$30.**

45

1. Cruiser Motor Oil tin quart. 5 1/2" h. **$30-$75.**

2. Cruiser Motor Oil tin two gallon. 11" h. **$75-$150.**

3. Cruiser Motor Oil tin two gallon. 11" h. **$10-$50.**

4. Cruiser Motor Oil tin five gallon. 12" h. **$50-$100.**

5. Crystal Motor Oil tin half gallon. 5 1/2" h. **$20-$50.**

6. Crystal Motor Oil half gallon. 6 1/2" h. **$20-$50.**

1. Deep Rock Motor Oil tin quart. 5 1/2" h. **$20-$40.**

2. Deep Rock Air Race Motor Oil tin quart. 5 1/2" h. **$50-$100.**

3. Deep Rock tin gallon. 10 3/4" h. **$100-$250.**

4. Deep Rock Gasoline Motor Oil plastic body globe with two lenses. 13 1/2" dia. **$400-$600.**

5. Deep Rock plastic body globe with two lenses. 13 1/2" dia. **$250-$400.**

1

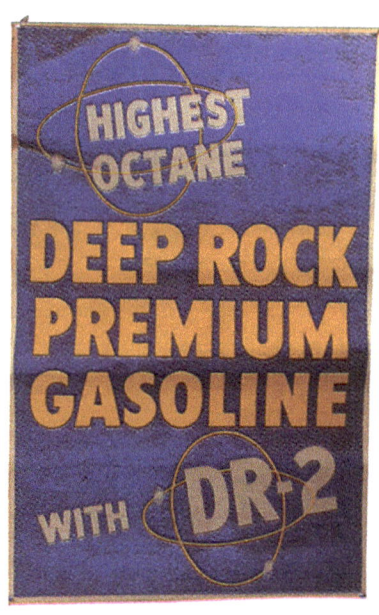

2

1. Deep Rock paper poster. 44" h. 28" w. **$5-$10.**

2. Deep Rock paper poster. 44" h. 28" w. **$5-$10.**

3

3. Defender Motor Oil tin two gallon. 11" h. **$90-$200.**

4. Dean Penn Motor Oil tin five quart. 9" h. **$50-$150.**

4

1. Derby glass bodyglobe with two lenses. 13 1/2" dia. **$400-$600.**

2. Derby Gasoline glass body globe with two lenses. 13 1/2" dia. **$400-$600.**

3. Derby Diesel glass body globe with two lenses. 13 1/2" dia. **$350-$550.**

4. Derby Gasoline porcelain sign. 48" dia. **$200-$350.**

1. Dixie Supreme tin quart. 5 1/2" h. **$25-$75.**

2. Dixie Oils plastic body globe with two lenses. 13 1/2" dia. **$400-$650.**

3. Double Eagle tin quart. 5 1/2" h. **$35-$100.**

4. Double Eagle wax cardboard quart. 5 1/2" h. **$15-$35.**

5. Duplex Outboard Special tin quart. 8" h. **$20-$40.**

6. Duplex Outboard Gear Oil tin quart. 7 1/2" h. **$20-$50.**

1

2

3

1. Duplex Outboard Special tin quart. 8 1/2" h. **$50-$125.**

2. Duplex Marine Engine tin five gallon. 14 1/2" h. **$500-$800.**

3. Duplex Motor Oil tin five gallon. 14 1/2" h. **$250-$600.**

4

4. Duplex Marine Engine Oil porcelain sign. 10" h. 20" w. **$75-$150.**

5. Duplex Marine Engine Oil porcelain sign. 24" h. 38" w. **$50-$125.**

5

1

2

3

1. Duro Gasoline glass body globe with two lenses. 13 1/2" dia. **$250-$500.**

2. Economy Motor Oil tin two gallon. 11" h. **$50-$100.**

3. EDCO Motor Oil tin five gallon. 14" h. **$20-$100.**

4. Elreco Premium glass body globe with two lenses. 13 1/2" dia. **$200-$400.**

5. Elreco Regular glass body globe with two lenses. 13 1/2" dia. **$250-$400.**

4

5

1. Eldred Motor Oil tin gallon. 9 1/2" h. **$100-$200.**

2. Eldred Betty Blue Gasoline pair of lenses. 13 1/4" dia. **$750-$1200.**

3. Empire State Motor Oil tin two gallon. 11" h. **$20-$100.**

4. Empire State Motor Oil tin two gallon. 11 1/2" h. **$20-$100.**

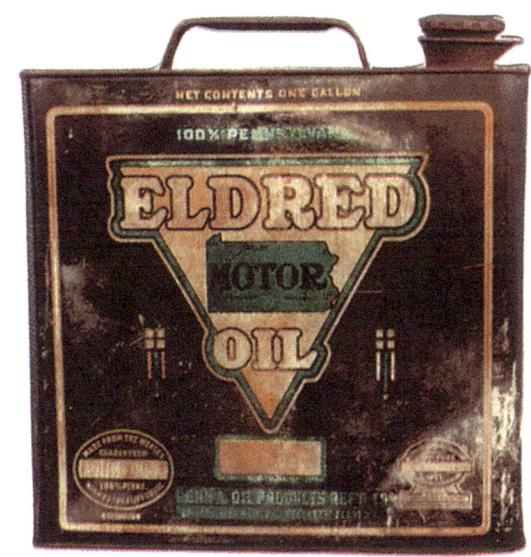
1

2

3

4

1. En-Ar-Co Imperial Canadian tin quart. 6 5/8" h. **$20-$50.**

2. En-Ar-Co Imperial Canadian tin quart. 6 5/8" h. **$40-$100.**

3. En-Ar-Co Penn Motor Oil Canadian tin quart. 9 3/4" h. **$25-$100.**

4. En-Ar-Co Penn Motor Oil Canadian glass bottle quart. 11" h. **$50-$100.**

5. En-Ar-Co Penn Motor Oil Canadian tin five quart. 9 1/2" h. 6 3/4" dia. **$50-$150.**

6. En-Ar-Co Motor Oil Canadian tin five quart. 9 1/2" h. 6 3/4" dia. **$40-$120.**

1. En-Ar-Co Motor Oil tin five gallon. 14 1/2" h. **$50-$150.**

2. En-Ar-Co tin 25 pound cup grease. 13 3/4" h. 10 3/4" w. **$50-$150.**

3. En-Ar-Co paper thermometer. 7" h. 4 3/4" w. **$10-$35.**

4. En-Ar-Co painted metal lubster sign. 6" h. 7 1/2" w. **$100-$300.**

5. En-Ar-Co Petroleum Products tin. 10 1/2" h. **$50-$150.**

1. Esso Motor Oil Unexcelled tin quart. 5 1/2" h. **$15-$75.**

2. Esso Extra Motor Oil tin. 9" h. **$50-$150.**

3. Esso Blue Parafin tin. 11" h. 11" w. **$20-$100.**

4. Esso tin. 13" h. **$50-$100.**

1. Esso Extra one piece glass globe. 15" h. 20" w. **$300-$500.**

2. Essolene metal body globe with two lenses. 16 1/2" dia. **$300-$400.**

3. Esso glass body with two lenses. 13 1/2" dia. **$250-$400.**

4. Esso Aviation metal body globe with two lenses. 15" dia. **$1200-$1800.**

5. Esso metal body globe with two lenses. 16 1/2" dia. **$200-$400.**

1. Esso Extra lens. 15" dia. **$70-$200.**

2. Essolene lens. 15" dia. **$100-$150.**

3. Esso lens. 15" dia. **$75-$125.**

4. Esso Extra Ethyl metal body with two lenses globe. 16" dia. **$300-$450.**

5. Esso one piece glass globe. 15" h. 19" w. **$400-$750.**

1. Esso inserts. 5" h. 12 1/2" w. **$25-$100 pair.**

2. Esso Garantie porcelain lube sign foreign. 9 1/2" h. 7 7/8" w. **$100-$300.**

3. Esso Elephant Kerosene porcelain sign foreign. 24" h. 12" w. **$400-$650.**

4. Esso Credit Cards Honored porcelain sign. 14" h. 17 1/2" w. **$150-$350.**

1. Esso porcelain sign. 36" dia. **$200-$500.**

2. Esso drip tin sign. 16" h. 7" w. **$150-$300.**

3. Esso Heating Oils porcelain sign. 21" h. 35" w. **$300-$500.**

4. Esso Blue porcelain flange. 18" h. 18" w. **$200-$500.**

1. Something Extra Esso porcelain sign. 10" h. 18" w. **$100-$300.**

2. Esso 1935 Lubrication Guide paper. 21 1/2" h. 15" w. **$50-$100.**

1

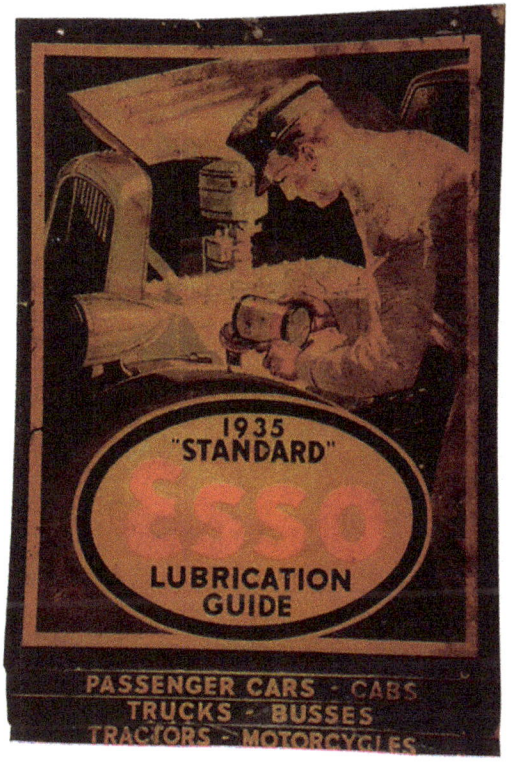

2

3

3. Esso Mobil silk cloth advertisement framed. 32 1/4" h. 32 1/4" w. **$100-$300.**

4. Esso Lubrication cardboard advertisement. 44 1/2" h. 29" w. **$100-$300.**

4

1. 1953 Esso calendar. 29 1/2" h. 16" w. **$20-$90.**

2. Esso Touring Guide map rack. 23 1/2" h. 13 1/2" w. **$50-$250.**

3. Esso Flit Spray can. 5 1/2" h. 16" len. **$5-$30.**

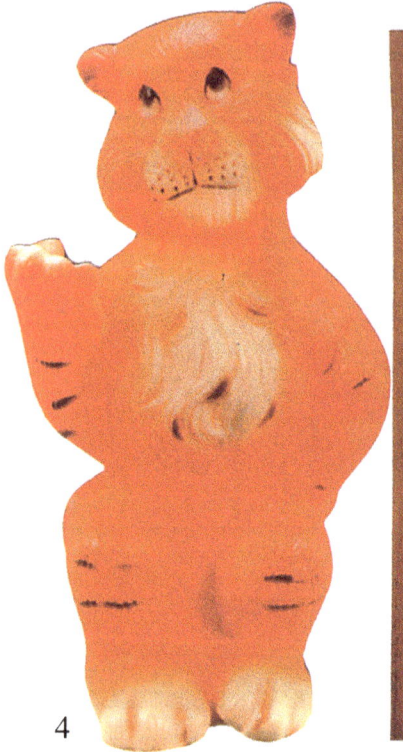

4. Esso rubber tiger. 8" h. **$20-$50.**

5. Esso dealer plaque. 13" h. 10" w. **$10-$75.**

1. Esso hat. **$150-$225.**

2. Esso shirt. Size medium. **$20-$50.**

3. Esso suit. Size 44. **$25-$50.**

4. Esso plate. 9 1/2" dia. **$100-$400.**

5. Esso cooler. 10" h. **$20-$50.**

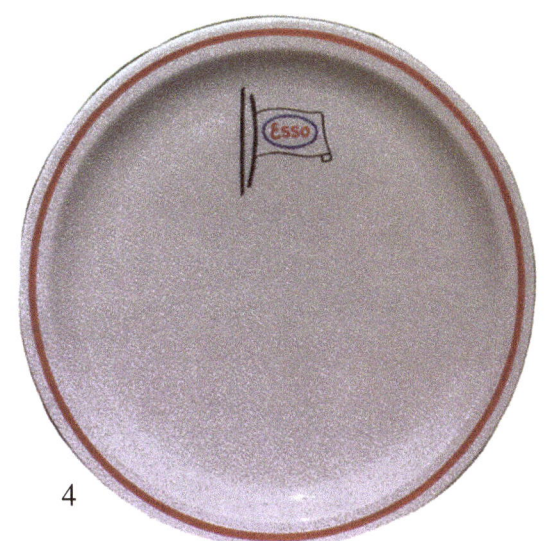

1. Esso Service Badge. 2 1/4" h. 1 1/2" w. **$100-$175.**

2. Esso light up. 13 1/2" h. 18 1/2" w. **$200-$400.**

3. Esso sewing kit. 2 1/4" h. **$35-$75.**

4. Esso Salesmanship book. 7 3/4" h. 5" w. **$25-$75.**

5. Esso Stove Oil porcelain tag. 2 1/2" dia. **$10-$50.**

6. Esso Happy ornament. 3 1/2" h. **$50-$100.**

1. Esso paper mache dog. 23" h. 40" w. **$1000-$2000.**

2. Esso knife. 2 1/2" h. 3/4" w. **$90-$200.**

3. Esso Script Standard Oil knife. 3/4" h. 2 1/2" len. **$150-$300.**

4. Esso key ring. 2" h. **$10-$50.**

5. Esso key ring. 2" h. **$10-$50.**

6. Esso salt and pepper plastic shakers. 2 3/4" h. 1" w. **$30-$60.**

1. Falcon tin quart. 5 1/2" h. **$30-$100.**

2. Falcon Ethyl plastic body globe with two lenses. 13 1/2" dia. **$400-$800.**

3. Falcon plastic body globe with two lenses. 13 1/2" dia. **$400-$800.**

4. Federal Oil Co. tin half gallon. 6 1/4" h. **$150-$400.**

5. Filtered Gasoline lens. 15" dia. **$50-$200.**

6. Filtered Gasoline one piece glass globe. 16" h. 15" w. **$200-$500.**

1. Fleet Motor Oil tin five gallon. 14" h. 9" w. 9" deep. **$75-$150.**

2. Fleetwing inserts. 5" h. 12 5/8" w. **$75-$150 pair.**

3. Fleetwing Motor Oil porcelain sign. 18" h. 24" w. **$225-$325.**

4. Fleetwing Ethyl painted metal sign. 11 5/8" h. 41 1/2" w. **$100-$175.**

1

2

3

4

67

1. Fleetwood tin two gallon. 11" h. 8" w. **$50-$150.**

2. Fleetwood tin two gallon. 10 1/2" h. **$125-$200.**

3. Franchise tin two gallon. 11" h. 7" w. 7" deep. **$50-$100.**

4. Franco tin gallon. 9 1/2" h. **$50-$125.**

1. Freedom tin quart.
5 1/2" h. **$50-$150.**

2. Freedom tin five quart. 9 1/2" h.
$50-$125.

3. Freedom Perfect Motor Oil porcelain sign. 17 1/2" h. 12" w. **$100-$250.**

4. Freedom Gas Oil porcelain sign. 48" h.
$125-$250.

5. Freedom license plate attachment. 5 1/2" h.
$50-$125.

1

2

3

4

5

1. Freeway Nevr-Nox Ethyl porcelain sign. 13 1/2" h. 12" w. **$90-$300.**

2. French Auto Oil tin gallon. 10 1/2" h. **$1500-$2500.**

3. French Auto Oil tin five gallon. 14" h. 9" w. **$250-$750.**

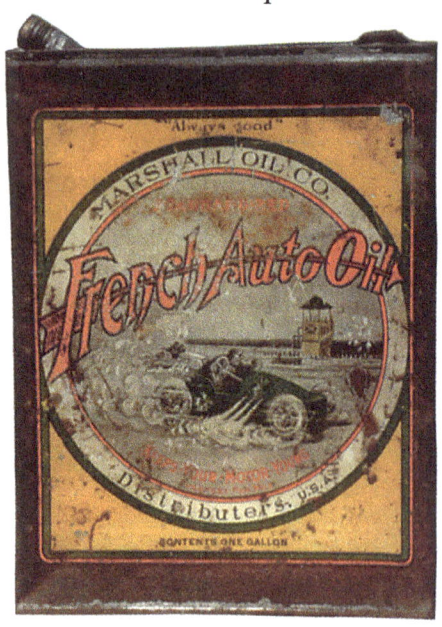

4. Fort Pitt Motor Oil tin two gallon. 11" h. 8" w. **$50-$200.**

5. Foster Supertane Oil Company glass body globe with two lenses. 13 1/2" dia. **$400-$800.**

1. Frontier Lube Motor Oil tin quart. 5 1/2" h. **$10-$50.**

2. Frontier Ethyl lens. 13 1/2" dia. **$125-$200.**

3. Frontier Gas glass body globe with two lenses. 13 1/2" dia. **$1500-$2500.**

4. Frontier glass body globe with two lenses. 13 1/2" dia. **$500-$1500.**

5. General Motor Fuel metal body with two lenses. 15" dia. **$750-$1200.**

6. General Motor Oil porcelain sign. 30" dia. **$400-$600.**

1

2

3

1. Globe clear ripple glass body globe with two lenses. 13 1/2" dia. **$1500-$2500.**

2. Globe porcelain sign. 42" dia. **$150-$300.**

3. Gloco Hi'R Octane porcelain sign. 9 1/2" h. 15 1/4" w. **$100-$200.**

4

4. Good Luck Service porcelain sign. 19" h. 31" w. **$175-$300.**

1. Golden 97 Ethyl glass body globe with two lenses. 12 1/2" dia. **$300-$600.**

2. Golden Flash Gasoline porcelain sign. 30" dia. **$150-$300.**

3. Golden Leaf Motor Oil quart. 5 1/2" h. **$20-$75.**

4. Grand Champion Motor Oil quart. 5 1/2" h. **$300-$600.**

5. Grand Champion Motor Oil tin two gallon. 11" h. **$100-$300.**

6. Grand Champion tin two gallon. 11" h. **$50-$200.**

1. Goodell Auto Oil tin half gallon. 6 1/4" h. **$150-$300.**

2. Harbor Petroleum Products porcelain sign. 39" h. 35" w. **$4000-$6000.**

3. Heart of Pennsylvania tin quart. 5 1/2" h. **$50-$200.**

4. Highfield Motor Oil tin two gallon. 11" h. **$20-$50.**

5. Hi Plane Motor Oil tin two gallon. 10 1/2" h. **$30-$100.**

6. Hi Value Motor Oil tin quart. 5 1/2" h. **$30-$100.**

1. Hippo Oil tin quart. 5 1/2" h. **$150-$300.**

2. Hippo Oil tin gallon. 10 1/2" h. **$100-$300.**

3. Hippo Oil Grease. 6" h. 4 1/4" dia. **$100-$400.**

4. Hippo Oil Products crate. 15 1/4" h. 21" w. **$100-$300.**

5. Hornet Gasoline plastic body with two lenses. 13 1/2" dia. **$150- $400.**

6. Hot Penn tin imperial quart. 6 1/2" h. 4" dia. **$30-$90.**

7. Hyvis Motor Oil porcelain sign. 16 1/2" h. 26" w. **$500-$900.**

1

2

3

4

5

6

7

1

2

1. Husky Heavy Duty Motor Oil tin quart. 5 1/2" h. **$50-$150.**

2. Husky Superlube Motor Oil waxed cardboard quart. 5 1/2" h. **$20-$80.**

3

3. Husky glass body globe with two lenses. 13 1/2" dia. **$2500-$5000.**

4. Husky Hi Power porcelain sign. 12" h. 12" w. **$350-$425.**

5. Husky metal lighter. 2 1/4" h. 1 1/2" w. **$50-$150.**

4   5

1. Infallible Motor Oil tin two gallon. 10 1/2" h. **$40-$150.**

2. Imperial Ethyl Gasoline tin two gallon. 11" h. **$40-$200.**

3. Imperial metal body globe with two lenses. 16" dia. **$250-$500.**

4. Imperial Ethyl Refiners plastic body globe with two lenses. 13 1/2" dia. **$150-$400.**

5. Imperial Premier Gasoline metal body globe with two lenses. 16 1/2" dia. **$300-$500.**

1

2

3

4

5

1. Invader Motor Oil tin five quart. 9 1/2" h. **$30-$100.**

2. Invader Motor Oil tin two gallon. 10 3/4" h. **$750-$1500.**

3. Invader tin sign. 34" h. 57 1/2" w. **$400-$600.**

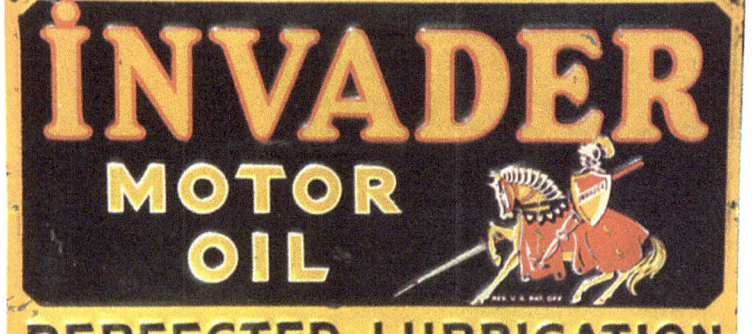

4. Invader tin sign. 11 1/2" h. 22 1/2" w. **$200-$400.**

1. Johnson Ethyl Gasoline porcelain sign. 48" dia. **$750-$1500.**

2. Independent metal body globe with two lenses. 15" dia. **$300-$500.**

3. Independent Ethyl porcelain sign. 30" dia. **$250-$500.**

1. Jenney Solvenized Hy Power lens. 13 1/2" dia. **$500- $1000.**

2. Jenney Solvenized Hy Power porcelain pump sign. 12" dia. **$1000-$3000.**

3. Jenney Aero Solvenized porcelain pump sign. 12" dia. **$2000-$4000.**

4. Jenney Aero tin tip tray. 4" dia. **$100-$500.**

5. Jenney Super Aero porcelain pump sign. 9" h. 12" w. **$100-$400.**

1   2

1. Kanotex glass body globe with two lenses. 13 1/2" dia. **$750-$1500.**

2. Kant-Nock Ethyl Gasoline porcelain sign. 30" dia. **$150-$400.**

3   4

3. Kendall Motor Oil tin quart. 5 1/2" h. **$20-$75.**

4. Kendall Superb Motor Oil tin quart. 5 1/2" h. **$30-$75.**

5. Kendall Snowmobile Motor Oil tin quart. 5 1/2" h. **$15-$25.**

6. Kendall The 2000 Mile Oil tin quart. 5 1/2" h. **$15-$30.**

5   6

1. Kendall Superb Motor Oil tin five quart. 9 1/2" h. **$30-$100.**

2. Kendall Penzbest Motor Oil tin five gallon easy pour. 16" dia. **$100-$175.**

3. Kendall Motor Oil tin five gallon easy pour. 16" dia. **$150-$300.**

4. Kendall Motor Oil tin five gallon. 14" h. 9 1/4" w. **$50-$150.**

5. Kendall plastic body globe with two lenses. 13 1/2" dia. **$200-$400.**

1. Kendall The 2000 Mile Oil light up clock. 15" dia. **$250-$500.**

2. Kendall Superb Motor Oil light up clock. 15" dia. **$300-$500.**

3. Kendall GT-1 Racing Oil light up clock. 15" dia. **$100-$250.**

4. Kendall Spinner neon clock. 19 1/2" dia. **$750-$1200.**

5. Kendall "Time for Kendall" light up clock. 15 1/2" h. 25" w. **$750-$1500.**

83

1. Kendall tin sign. 12" h. 72" w. **$50-$125.**

2. Kendall painted metal sign. 11" dia. **$150-$275.**

3. Kendall porcelain sign. 24" dia. **$100-$300.**

4. Kendall painted metal sign. 24" dia. **$50-$150.**

5. Kendall curb sign with org. base. 50" h. 24" dia. **$500-$750.**

1. Kendall Motor Oil Service painted metal sign. 29" h. 35 1/2" w. **$125-$225.**

2. Kendall the 2000 Mile Oil porcelain sign. 20" h. 12" w. **$750-$1000.**

3. Ask for Kendall Motor Oil porcelain sign. 18 1/4" h. 24" w. **$100-$400.**

1

2

3

4

4. Kendall The 2000 Mile Oil painted metal sign. 20" h. 12" w. **$250-$500.**

5. Kendall nylon banner. 36 1/2" h. 57" w. **$10-$40.**

5

1

2

1. LARCO Gasoline metal body globe with two lenses. 15" dia. **$900-$1500.**

2. Long Life Motor Oil two gallon. 10 1/2" h. **$200-$350.**

3

3. Long Run tin five gallon easy pour 17" h. **$100-$200.**

4

5

4. Lord Calvert Auto Oil tin two gallon. 10" h. 8" w. **$25-$100.**

5. Lucky Star Motor Oil tin two gallon. 11" h. 8" w. **$20-$80.**

1. Magnolia Motor Oil Gasoline porcelain sign. 42" dia. **$500-$1000.**

2. Magnolia Ethyl Gasoline porcelain sign. 30" dia. **$200-$500.**

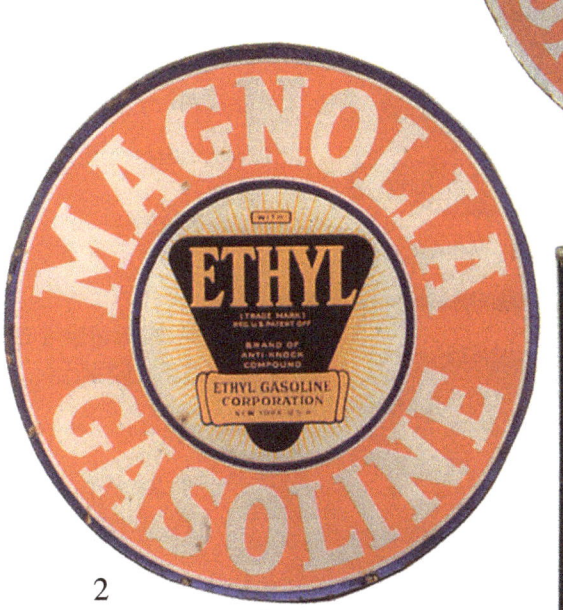

3. Magnolia 1932 paper calendar. 23 1/2" h. 14 5/8" w. **$50-$100.**

4. Many Miles Transmission tin gallon. 11" h. **$275-$500.**

5. Many Miles tin two gallon. 10 1/2" h. 8 1/2" w. **$90-$200.**

1. Marathon tin quart. 5 1/2" h. **$125-$250.**

2. Marathon tin five quart. 9 3/4" h. **$50-$200.**

3. Marathon tin half gallon. 6" h. **$150-$400.**

4. Marathon tin two gallon. 11" h. **$50-$200.**

5. Marathon tin five gallon easy pour. 16 3/4" h. **$300-$450.**

6. Marathon Thermometer. 16" h. 5" w. **$50-$125.**

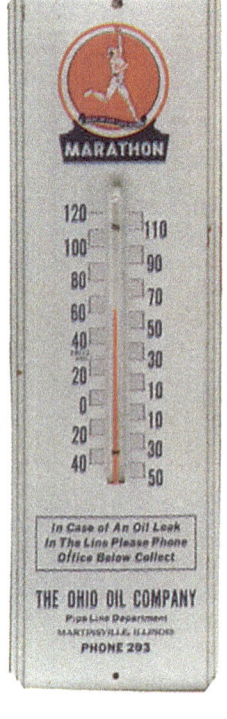

1. Marathon glass body globe with two lenses. 13 1/2" dia. **$400-$800.**

2. Marathon metal map rack. 20" h. 11" w. **$100-$225.**

3. Marathon key chain. 3" h. **$35-$50.**

4. Marathon tin sign. 9 5/8" h. 13 5/8" w. **$150-$300.**

5. Marathon Gasoline porcelain sign. 36" h. 71 1/2" w. **$200-$500.**

1. McColl-Frontenac grease pail. Canadian. 6 1/4" h. **$50-$100.**

2. McColl-Frontenac grease. Canadian. 4" h. **$30-$100.**

3. McColl-Frontenac grease. Canadian. 4" h. **$30-$100.**

4. McColl-Frontenac napkin. Canadian. 6 3/4" h. 6 3/4" w. **$20-$50.**

*NOTE: All "McColl" are Canadian in origin.

5. McColl-Frontenac Motor Oil gallon. Canadian. 11" h. **$90-$250.**

1. Metro lens. 16 1/2" dia. **$50-$150.**

2. Metro glass body globe with two lenses. 13 1/2" dia. **$300-$600.**

3. Miss Pennsylvania tin two gallon. 10 1/2" h. 9 3/4" w. **$75-$150.**

4. Mobiloil tin five quart. 9 1/2" h. **$25-$75.**

5. Aero Mobiloil waxed cardboard quart. 5 1/2" h. **$200-$400.**

6. Gargoyle Mobiloil tin five quart. 9 1/2" h. **$50-$100.**

1. Aero Mobiloil Red Band tin five quart. 9 1/2" h. **$150-$300.**

2. Mobiloil Special tin quart. 5 1/2" h. **$10-$50.**

3. Mobiloil tin five quart. 9 1/2" h. **$25-$75.**

3. Mobiloil Outboard tin quart. 5 1/2" h. **$50-$100.**

5. Lubrite Motor Oil tin quart. 5 1/2" h. **$15-$35.**

6. Mobiloil Aero White Band tin quart. 5 1/2" h. **$125-$300.**

 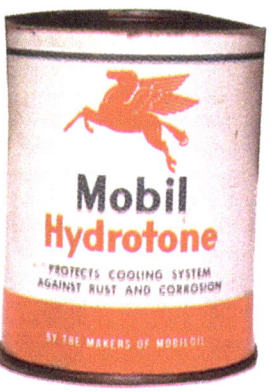 

7. Mobiloil tin quart. 5 1/2" h. **$20-$40.**

8. Mobil Hydrotone eight ounce can. 3 1/4" h. 2 1/2" dia. **$5-$25.**

9. Mobiloil Freezone tin. 5 1/2" h. **$30-$75.**

1. Mobiloil Penetrating Oil tin gallon. 11" h. **$20-$40.**

2. Gargoyle Mobiloil tin. 6 3/4" h. **$25-$125.**

3. Mobiloil tin gallon. 9 1/2" h. **$100-$300.**

4. Lubrite Motor Oil tin two gallon. 10 1/2" h. **$25-$75.**

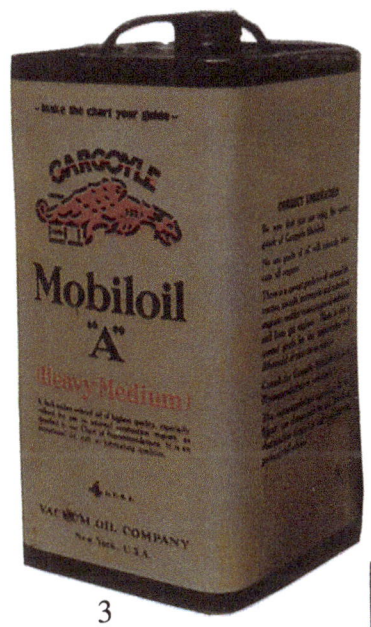

5. Gargoyle Mobiloil tin five gallon. 14" h. **$30-$100.**

6. Gargoyle Mobiloil tin five gallon. 14" h. **$50-$150.**

1. Aero Mobiloil glass quart jar. 6" h. **$175-$250.**

2. Mobilgloss tin. 6" h. **$40-$80.**

3. Mobiloil AF Oil Rack. 27" h. 18 1/2" w. 10" deep. **$900-$2000.**

4. Mobiloil Motor Oil rack. 28 1/2" h. 25 1/2" w. 12 1/4" deep. **$150-$500.**

5. Gargoyle Mobiloil Motor Oil rack. 28 1/2" h. 25 1/2" w. **$650-$1200.**

6. Mobiloil Arctic Motor Oil rack. 30" h. 25" w. **$800-$1500.**

1. Mobilgas lens. 16 1/2" dia. **$150-$250.**

2. Mobilgas Special with red ripple glass body globe with two lenses. 13 1/2" dia. **$500-$1500.**

3. Mobilgas glass body globe with two lenses. 15 1/2" h. **$300-$600.**

4. Mobilheat Stove Oil glass body globe with two lenses. 13 1/2" dia. **$750-$1200.**

5. Mobilgas metal body globe with two lenses. 16 1/2" dia. **$300-$600.**

6. Mobil Kerosene metal body globe with two lenses. 16 1/2" dia. **$600-$1100.**

1. Gargoyle Mobiloil one piece glass globe. 13" h. 15 1/2" w. **$1500-$2500.**

2. Mobiloil Shield porcelain pump sign. 12" h. 12" w. **$200-$300.**

3. Mobilgas Special porcelain pump sign. 12" h. 12" w. **$150-$300.**

4. Mobilgas Special porcelain pump sign. 12" h. 12" w. **$150-$300.**

5. Mobilgas Marine Products porcelain pump sign. 11" h. 12" w. **$300-$600.**

6. Mobilfuel Diesel porcelain pump sign. 12" h. 12" w. **$250-$450.**

1. Mobilgas painted metal plate attachment. 7" h. 11 1/4" w. **$100-$200.**

2. Mobilgas Mobiloil painted metal sign. 15 3/4" h. 10 1/4" w. **$150-$300.**

3. Mobil Regular porcelain sign. 12" h. 13 3/4" w. **$25-$100.**

4. Mobilgas porcelain sign foreign. 19 3/4" h. 10 1/4" w. **$200-$400.**

5. Mobiloil Arctic porcelain pump sign. Foreign 9" h. **$400-$525.**

1

2

3

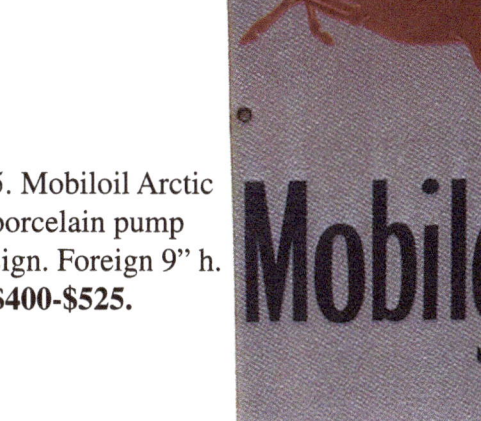
4

5

1. Mobil Distillate porcelain foreign sign. 19 3/4" h. 14 1/4" w. **$200-$425.**

2. Mobil Plume porcelain foreign sign. 19 3/4" h. 14 1/4" w. **$100-$250.**

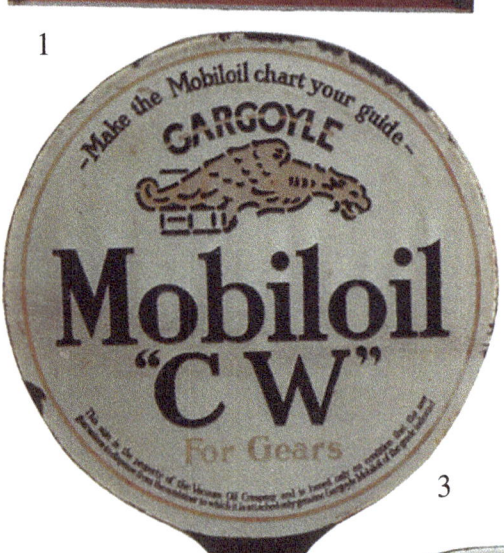

3. Mobiloil CW Lube porcelain sign. 8 3/4" dia. **$200-$400.**

4. Mobiloil A lube porcelain sign. 10 1/2" h. 9" dia. **$100-$300.**

5. Mobiloil E For Fords lube porcelain sign. 10 1/2" h. 9" w. **$300-$500.**

1. Gargoyle Mobiloil porcelain sign. 24" dia. **$200-$400.**

2. Mobiloil tin sign. 60" h. 15" w. **$100-$300.**

3. Ask For Mobiloil porcelain sign. 24" h. 19 1/2" w. **$300-$500.**

4. Pegasus horse porcelain sign. 13" h. 25" w. **$350-$500.**

5. Mobiloil EP porcelain sign. 7" dia. **$50-$150.**

1

2

3

4

5

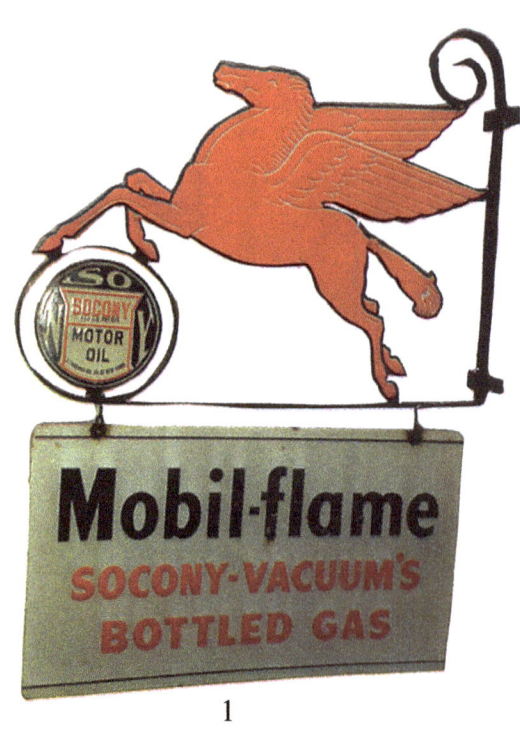

1. Mobilflame porcelain sign. 44" h. 33" w. **$3000-$5000.**

2. Mobilgas porcelain sign. 56" h. 57" w. **$200-$500.**

3. Authorized Service Mobiloil rack. 23" h. 20 1/2" w. **$650-$1200.**

4. Mobiloil curb sign. 50" h. 36" w. **$200-$450.**

5. Mobiloil curb sign. 62" h. 24" w. **$400-$650.**

1

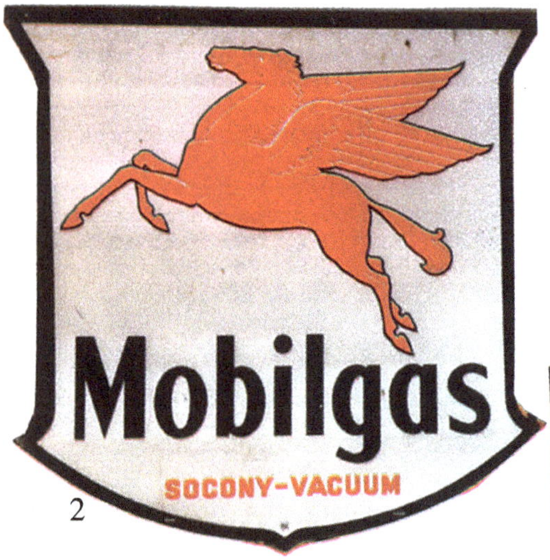

2

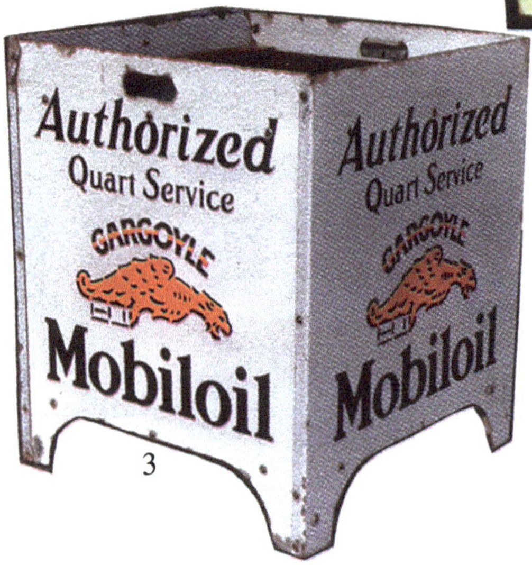

3

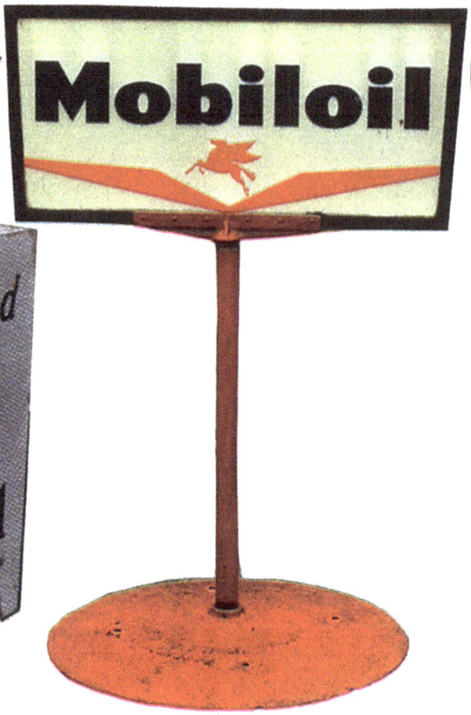

4

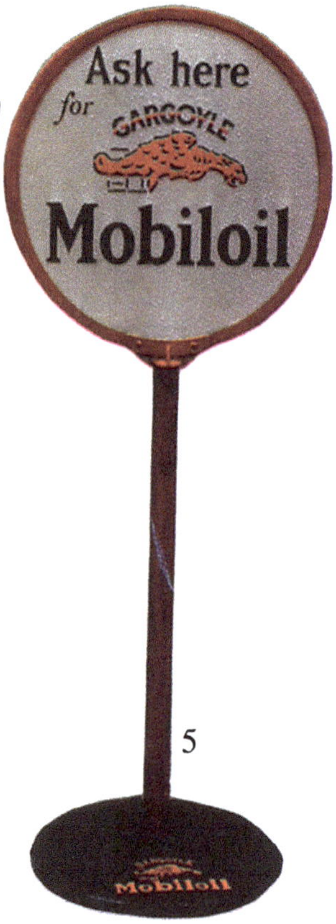

5

1. Mobil Fan Belts painted metal sign. 6" h. 33" w. **$125-$175.**

2. Mobil Travel Information Center painted metal sign. 8" h. 34" w. **$50-$150.**

3. Mobil Pegasus porcelain horse. 48" wing tip to hoof. **$700-$1200.**

4. Mobil Pegasus porcelain horse. 71" h. 91 3/4" w. **$750-$1400.**

5. MobiLubrication porcelain sign. 10 1/2" h. 26" w. **$200-$400.**

6. Mobiloil A porcelain foreign sign. 19 1/2" h. 7 1/4" w. **$1100-$2000.**

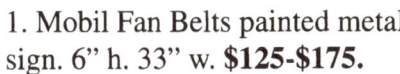

1. Mobiloil porcelain sign. 11" h. 20" w. **$200-$500.**

2. Mobiloil porcelain pillow foreign sign. 15 1/2" h. 23 1/4" w. **$200-$500.**

3. Mobiloil porcelain flange sign. 23" h. 24" w. **$350-$500.**

4. Mobilgas Restroom porcelain sign. 7 5/8" h. 8" w. **$375-$550.**

5. Mobilgas Flame light up. 9" h. 25 1/4" w. **$500-$800.**

1. Mobiloil embossed painted metal sign. 20 1/8" h. 30" w. **$150-$300.**

1

2. Mobiloil Suggestion box. 18" h. 13 3/8" w. **$100-$300.**

3. Mobil brass advertisement. 4 1/4" h. 7 1/8" w. **$10-$25.**

4. Mobiloils porcelain flange sign. 16" h. 20" w. **$400-$600.**

5. Mobiloil "Drain and Refill with" porcelain sign. 30" h. 36" w. **$300-$600.**

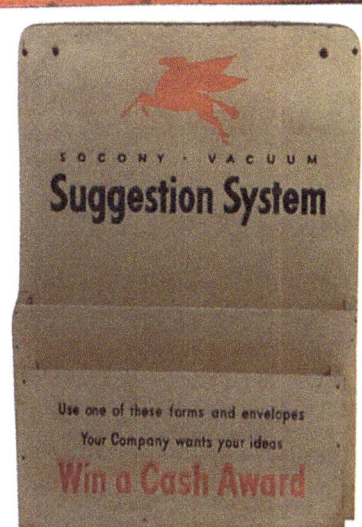
2

3

4

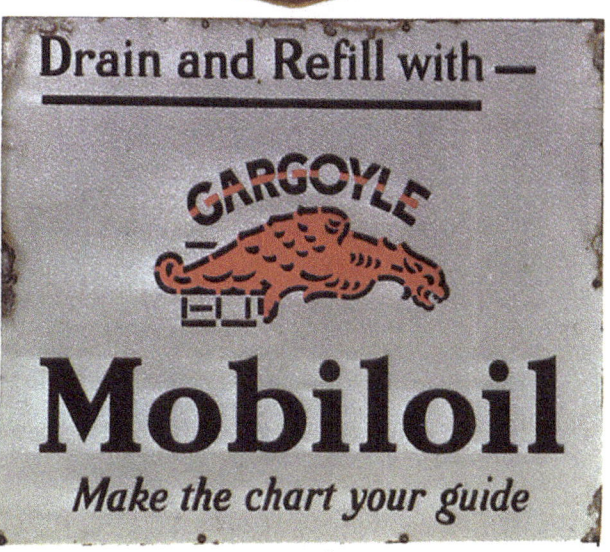
5

1. Mobiloil cardboard sign. 25 1/2" h. 19 5/8" w. **$750-$1200.**

2. 1932 Mobiloil Lubrication Chart. 19" h. 11 1/2" w. **$50-$125.**

3. Socony Sanilac Cattle Spray painted metal thermometer. 18 3/4" h. 8 5/8" w. **$300-$600.**

4. Mobilgas porcelain thermometer. 32 1/2" h. 4 1/4" w. **$300-$600.**

5. Mobiloil porcelain thermometer, foreign. 23" h. 8" w. **$100-$400.**

1. Mobilgas Special gas pump, restored. 86" h. **$900-$2000.**

2. Mobiloil cabinet restored with all original signs and globe restored. 99" h. **$3000-$6000.**

3. Mobilgas metal bucket with spout. 17" h. 23" w. **$90-$150.**

4. Mobiloil Arctic dispenser. 60" h. 10" w. 23" deep. **$200-$450.**

5. Mobilgas lighter. 3 1/2" h. 2" w. **$50-$150.**

6. Mobiloil wood crate. 11" h. 28" w. **$50-$150.**

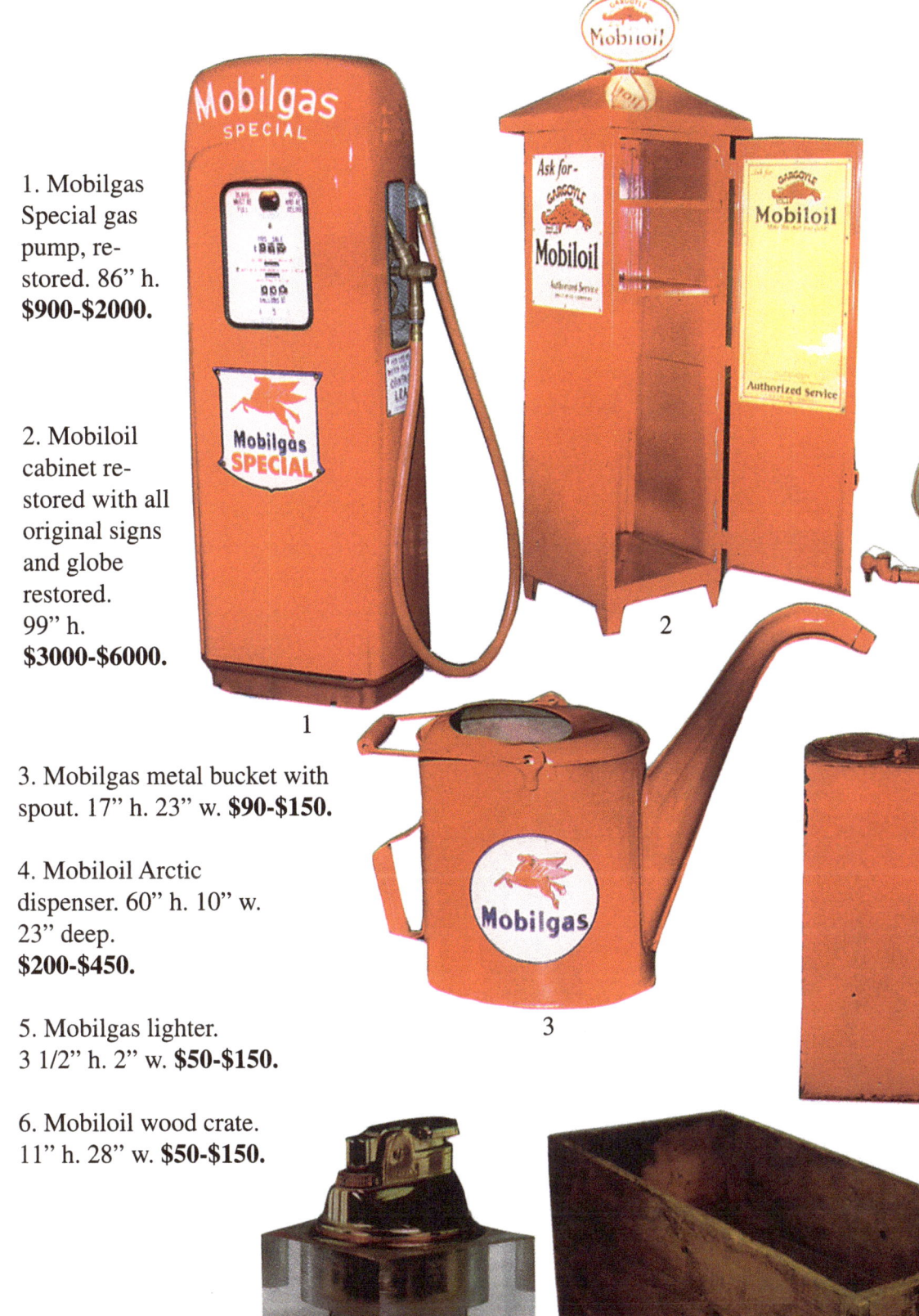

105

1. Mobilgas phone. 9 1/2" h. 3" dia. **$50-$150.**

2. Mobilgas compact. 2 1/2" h. 2 3/4" w. **$50-$100.**

3. Mobilgas license plate attachment. 5 3/8" h. 6 1/2" w. **$100-$300.**

4. Mobilgas porcelain advertisement. 7 1/2" h. 7 3/8" w. **$400-$650.**

5. Mobilgas license plate attachment. 2 5/8" h. 5" w. **$50-$150.**

6. Mobilgas pocket mirror. 3 1/2" dia. **$125-$225.**

1. Mobilgas desk top accessory calendar. 7 1/2" h. 5 1/2" w. **$1000-$1500.**

2. Mobiloil clip. 6 3/4" h. 3 1/4" w. **$30-$80.**

3. Mobil bowl. 2 1/4" h. 5 3/4 dia. **$40-$100.**

4. Mobil key ring. 2" h. **$30-$80.**

5. Mobil glass set of 6. 4 3/4" h. **$40-$80.**

1. Mother Penn tin quart. 5 1/2" h. **$40-$100.**

2. Mother Penn porcelain lube sign. 6" h. 8 1/2" w. **$600-$1100.**

3. Mona Motor Oil tin gallon. 10 1/2" h. **$500-$1000.**

4. Monamobile tin half gallon. 6 3/4" h. 6" w. **$20-$80.**

5. Monogram tin gallon. 9 1/2" h. **$50-$150.**

6. Monamobile tin pour. 8" h. **$150-$200.**

1. Motor Oil tin two gallon. 11" h. **$20-$80.**

2. Motor Oil tin two gallon. 11" h. **$20-$80.**

3. Motor Lube Oil. 6" h. **$500-$800.**

4. Mobor Oil tin five gallon. 14" h. 9 1/4" w. **$100-$200.**

5. Musgo one piece glass globe. 16" h. **$4000-$7000.**

1. National Motor Oil Imperial tin quart. 6 3/4" h. **$5-$30.**

2. Navy Motor Oil tin half gallon. 6 1/4" h. **$50-$150.**

3. Navy Motor Oil tin gallon. 11" h. **$50-$150.**

4. Nevr Nox Ethyl porcelain sign. 30" dia. **$200-$400.**

5. Norwalk Motor Oil tin quart. 5 1/2" h. **$20-$80.**

1. Nourse tin gallon. 10 1/2" h. **$200-$600.**

2. Nourse tin five gallon. 16" h. **$25-$125.**

3. Nourse tin five gallon easy pour. 16 3/4" h. **$250-$600.**

4. Oak Motor Oil porcelain sign. 20" dia. **$1200-$2000.**

5. Oak Motor Oil painted metal flange sign. 14" h. 18 1/4" w. **$100-$350.**

1   2

1. Ocean Liner Motor Oil tin two gallon. 11" h. **$20-$80.**

2. Ocean Liner Motor Oil tin two gallon. 11" h. **$100-$300.**

3. Oilzum tin quart. 5 1/2" h. **$50-$100.**

4. Oilzum tin quart. 5 1/2" h. **$30-$80.**

5. Oilzum tin five quart. 9 1/2" h. **$50-$100.**

6. Oilzum pound grease. 4 1/2" h. **$50-$150.**

7. Oilzum tin gallon. 10 1/2" h. **$400-$600.**

8. Oilzum tin gallon. 9 1/2" h. **$100-$300.**

3   4   5

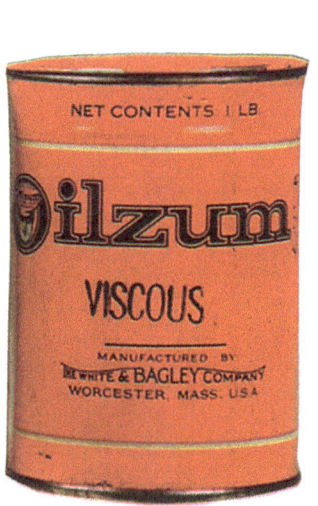

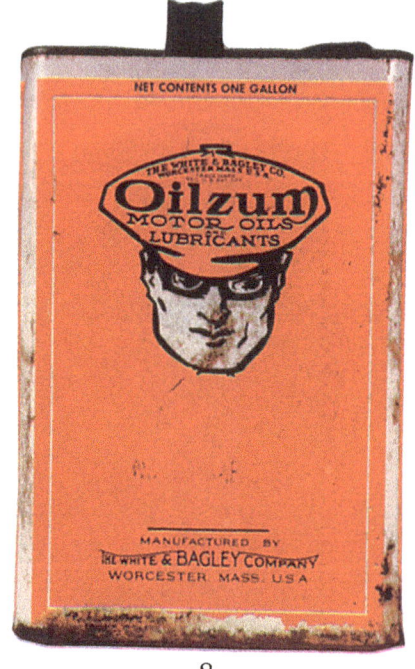

6   7   8

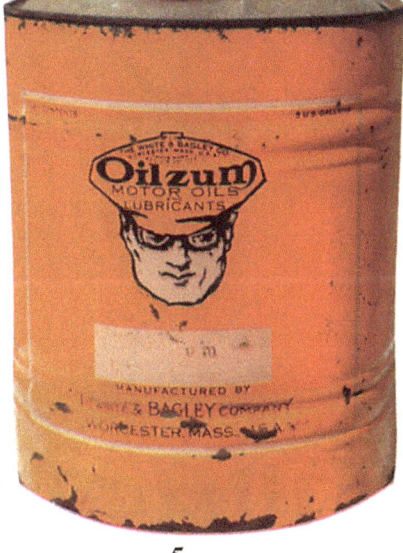

1. Oilzum twenty-five pound grease. 11" h. **$20-$80.**

2. Oilzum Cylinder Oil tin five gallon. 14" h. **$400-$600.**

3. Oilzum tin five gallon. 14" h. **$20-$80.**

4. Oilzum tin five gallon. 14" h. **$50-$150.**

5. Oilzum tin five gallon. 17" h. 11" w. **$20-$80.**

6. Oilzum Salesman Sample bottles. 6 3/4" h. **$200-$600.**

1. Oilzum Motor Oil painted metal sign. 19 3/4" h. 30 1/2" w. **$500-$800.**

2. Oilzum painted metal flange. 17" h. 15 3/4" w. **$400-$600.**

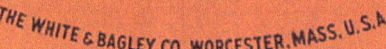

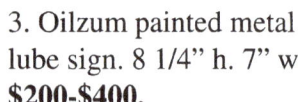

3. Oilzum painted metal lube sign. 8 1/4" h. 7" w. **$200-$400.**

4. Oilzum painted metal sign. 17" h. 15" w. **$300-$500.**

5. Oilzum porcelain sign. 27 1/2" h. 20" w. **$1000-$2500.**

6. Oilzum tin sign. 14 3/4" h. 35 1/2" w. **$50-$150.**

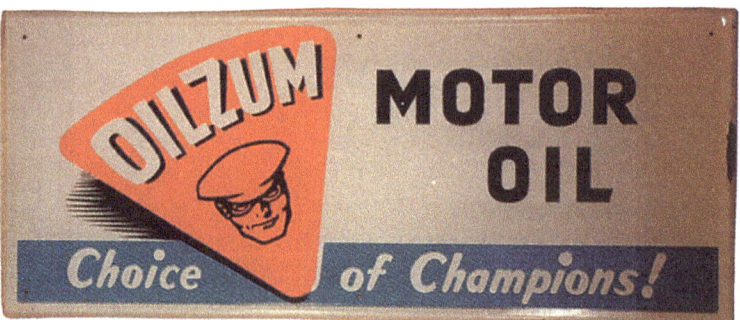

1. Oilzum tin sign. 19 1/2" h. 61" w. **$300-$600.** Note: Higher value in better condition.

2. Oilzum painted metal sign. 10" h. 15 1/2" w. **$500-$800.**

3. Oilzum tin sign. 60 3/4" h. 13 1/4" w. **$500-$900.**

4. Oilzum curb sign. 61" h. 24" w. **$3500-$9000.**

5. Oilzum tin sign. 36" h. 60" w. **$500-$1500.**

1. Oilzum Motor Oil tin sign. 48" h. 33" w. **$150-$300.**

2. Oilzum painted metal flange sign. 13 3/4" h. 20 1/2" w. **$800-$1500.**

3. Oilzum light up clock. 14 1/2" dia. **$300-$600.**

4. Oilzum light up clock. 14" dia. **$500-$800.**

5. Oilzum light up clock. 18 1/2" h. 12" w. **$200-$500.**

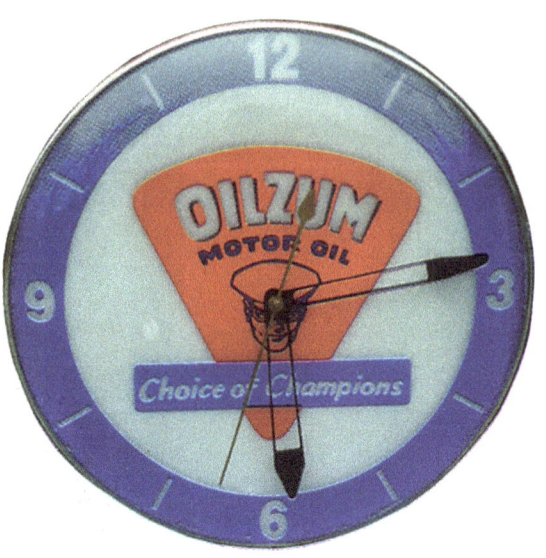

1. Oilzwel tin two gallon. 11 1/2" h. **$25-$80.**

2. Olympia tin two gallon. 11 1/2" h. **$75-$200.**

3. Oneida tin quart. 5 1/2" h. **$50-$150.**

4. Oneida tin two gallon. 11" h. **$50-$150.**

5. Oxoline tin gallon. 10 1/2" h. **$50-$150.**

6. Pan-Am porcelain sign. 42" dia. **$200-$500.**

1

2

3

4

1. Panhandle metal body globe with two lenses. 15" dia. **$900-$1300.**

2. Pankey tin half gallon. 6 1/4" h. **$75-$150.**

3. Parabond tin two gallon. 11" h. **$20-$80.**

4. Parafield tin quart. 5 1/2" h. **$150-$300.**

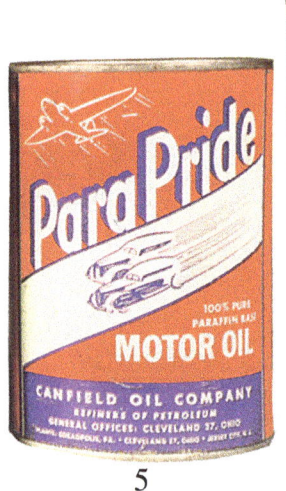

5

6

5. ParaPride tin quart. 5 1/2" h. **$50-$110.**

6. Penn Air tin five quart. 9 1/2" h. **$300-$600.**

1. Penn Airliner tin two gallon. 11" h. **$150-$300.**

2. Penn Champ tin two gallon. 11" h. **$10-$50.**

3. Penn Champ tin two gallon. 11" h. **$50-$125.**

4. Penn Drake tin quart. 5 1/2" h. **$50-$150.**

5. Penn Drake Premium tin quart. 5 1/2" h. **$15-$40.**

6. Penn Drake HD tin five quart. 9 1/2" h. **$10-$40.**

7. Penn Drake Premium tin five gallon. 16" h. **$20-$50.**

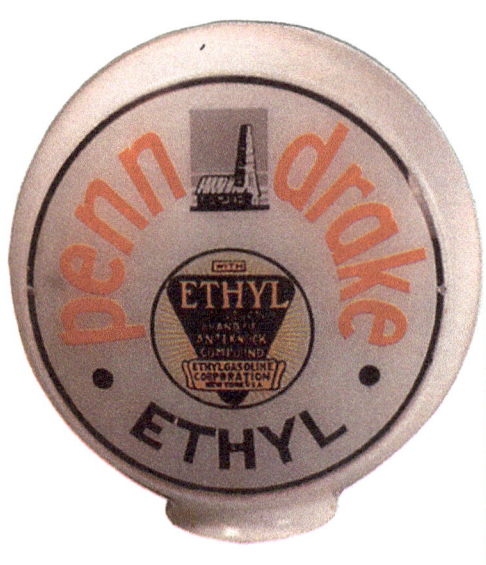

1. Penn Drake glass body globe with two lenses. 13 1/2" dia. **$500-$800.**

2. Penn Drake painted metal lube sign. 8" h. 5 1/2" w. **$40-$90.**

3. Penn Drake painted metal sign. 26 1/2" h. 21" w. **$100-$200.**

4. Penn Drake Lubricants painted metal flange sign. 19 1/2" h. 14" w. **$150-$250.**

5. Penn Drake Motor Oil embossed tin sign. 9 3/4" h. 27 3/4" w. **$125-$275.**

1. Penn Leader tin two gallon. 11" h. **$20-$50.**

2. Penn Leader tin five gallon. 14" h. **$20-$50.**

3. Penn Rad tin ten quart Canadian. 13" h. **$25-$75.**

4. Penn Rad tin two gallon. 11" h. **$25-$75.**

5. Penn Trump tin two gallon. 11 1/2" h. **$150-$350.**

6. Penn Valley tin two gallon. 11 1/2" h. **$50-$150.**

1

2

3

4

5

6

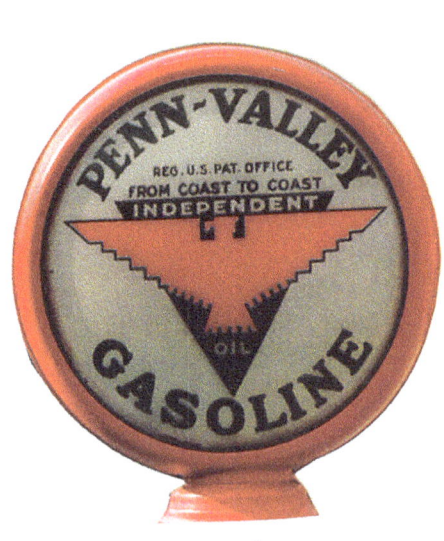
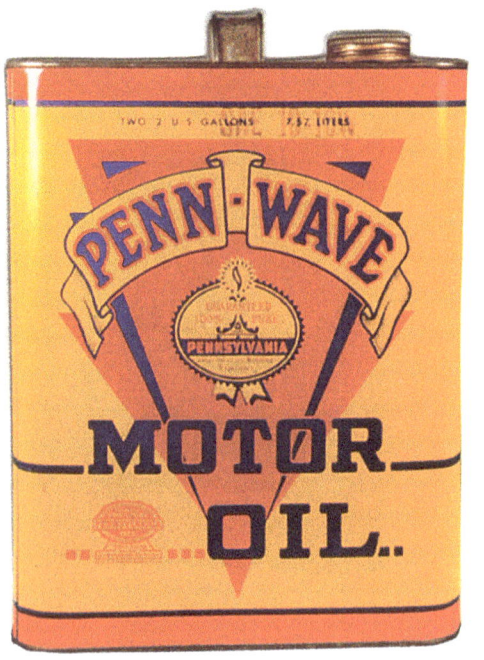

1. Penn Valley metal body globe with two lenses. 15" dia. **$400-$750.**

2. Penn Wave tin two gallon. 11" h. **$20-$50.**

3. Pennelene tin half gallon. 6 1/4" h. **$50-$150.**

4. Pierce Pennant tin half gallon. 6 1/4" h. **$50-$150.**

5. Pennsyline tin quart. 5 1/2" h. **$50-$150.**

6. Pennsyline tin two gallon. 11" h. **$10-$50.**

1. Pennsey Motor Oil tin two gallon.
11" h. 8" w. **$25-$75.**

2. Pennsylvania Motor Oil tin quart.
5 1/2" h. **$150-$250.**

3. Pennsylvania Motor Oil tin two gallon.
11" h. **$75-$200.**

4. Penreco Motor Oil tin two gallon.
11 1/2" h. **$25-$100.**

5. Pennzoil tin quart. 5 1/2" h. **$50-$125.**

6. Pennzoil Outboard tin quart. 5 1/2" h. **$100-$200.**

7. Pennzoil 10W30 tin quart. 5 1/2" h. **$10-$50.**

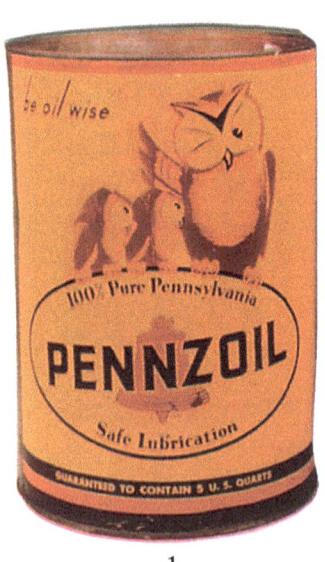
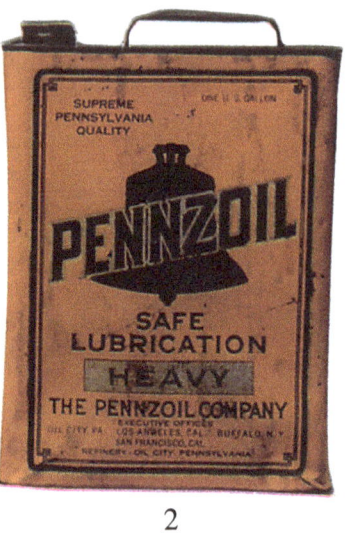

1. Pennzoil tin five quart. 9 1/2" h. **$50-$150.**

2. Pennzoil tin gallon. 11" h. **$25-$150.**

3. Pennzoil tin gallon. 11" h. **$25-$150.**

4. Pennzoil quart bottle rack. 15" h. 18 1/2" w. **$200-$500.**

5. Pennzoil Motor Grease tin twenty five pound. 10" h. **$40-$80.**

6. Pennzoil tin one pound grease. 4" h. **$10-$40.**

7. Pennzoil Ethyl Gasoline one piece globe. 16 1/2" h. **$500-$1200.**

1. Pennzoil Sound Your Z painted metal sign. 22" h 31" w. **$100-$200.**

2. Pennzoil painted metal sign. 18" h. 31" w. **$30-$100.**

3. Pennzoil Drive to Here tin sign. 31" h. 20" w. **$10-$80.**

4. Pennzoil Ask For It! masonite chalkboard advertisement. 27 3/4" h. 20" w. **$10-$80.**

5. Pennzoil porcelain sign. 2 1/2" h. 8 1/4" w. **$200-$500.**

6. Pennzoil porcelain sign. 14 7/8" h. 12 7/8" w. **$300-$500.**

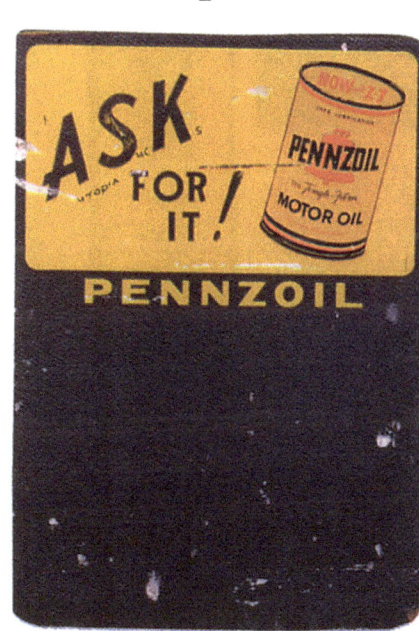

1. Pennzoil Safe Lubrication porcelain sign. 15" h. 27" w. **$250-$500.**

2. Pennzoil Bonded Dealer porcelain sign. 12 1/4" h. 15 3/4" w. **$100-$225.**

3. Pennzoil Sound Your Z tin sign. 60" h. 11 3/4" w. **$100-$300.**

4. Ask for Pennzoil tin chalkboard. 23 1/2" h. 17 1/2" w. **$40-$100.**

5. Pennzoil tin custom sign board. 24" h. 96" w. **$50-$150.**

6. Pennzoil Sound Your Z tin sign. 12" h. 70" w. **$50-$150.**

1

1. Pennzoil Expert Lubrication porcelain sign. 8 1/2" h. 30" w. **$150-$300.**

2

2. Pennzoil Safe Lubrication tin sign. 22 3/4" h. 35 5/8" w. **$75-$300.**

3

3. Pennzoil porcelain neon sign. 36" h. 92" w. **$500-$1000.**

4

4. Pennzoil tin foreign sign. 22 1/2" h. 58" w. **$50-$150.**

5. Pennzip Gasoline painted metal sign. 24 3/4" h. 46" w. **$200-$400.**

5

1. Pennzoil curb sign with original base. 46 1/2" h. 32" w. **$300-$500.**

2. Pennzoil rack. 39" h. **$100-$300.**

3. Pennzoil Courtesy Cards Honored Here sign. 14" h. 18 1/2" w. **$100-$300.**

4. Phillips 66 Aviation Motor Oil tin quart. 5 1/2" h. **$25-$75.**

5. Phillips Motor Oil tin quart. 5 1/2" h. **$25-$75.**

6. Phillips 66 Motor Oil tin quart. 5 1/2" h. **$25-$75.**

1. Phillips tin gallon. 11" h. **$10-$30.**

2. Phillips Outboard Motor Oil tin quart. 7 1/2" h. **$25-$50.**

3. Phillips 66 plastic body globe with two glass lenses. 13 1/2" dia. **$350-$500.**

4. Phillips 66 glass body with two lenses. 13 1/2" dia. **$100-$250.**

5. Phillips Benzo-Gas metal body globe with two lenses. 15" dia. **$3500-$5000.**

6. Phillips Ethyl porcelain sign. 29" h. 29" w. **$400-$800.**

7. Phillips 66 porcelain sign in hanger. 50" h. 45" w. **$100-$300.**

1. Phillips 66 embossed porcelain neon sign. 48" h. 48" w. **$1000-$2000.**

2. Phillips 66 gas pump restored. 82 1/2" h. **$1000-$2500.**

3. Phillips Trop Artic Motor Oil light up. 9" h. 6" dia. **$40-$80.**

4. Phillips 66 glass block bank. 6" h. 6" w. **$60-$120.**

5. Esso Salt and Pepper plastic shakers. 2 1/2" h. **$25-$50 set.**

6. Phillips 66 Farm Service cooler. 14" h. 19" w. 12" deep. **$50-$150.**

7. Phillips 66 Antifreeze tester. 20" long. **$20-$50.**

1. Phillips 66 plastic puzzle. 4 1/2" h. 3 3/4" w. **$5-$20.**

2. Phillips 66 Aviation Products decal framed. 16 1/2" h. 16 1/2" w. **$20-$40.**

3. Phillips 66 set of 4 glasses. 4 3/4" h. **$100-$300.**

4. Phillips 66 shirt. 14-14 1/2. **$10-$50.**

5. Pioneer Oil tin gallon. 11" h. **$50-$150.**

1

2

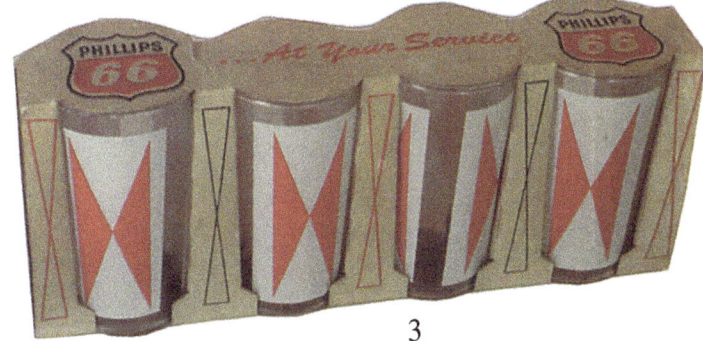

3

4

5

1

2

3

1. Polarine tin half gallon. 6 1/4" h. **$400-$600.**

2. Polarine tin half gallon. 7 1/4" h. **$50-$150.**

3. Polarine tin half gallon. 6 1/4" h. **$300-$600.**

4. Polarine tin gallon. 10" h. **$400-$2200.**

5. Polarine tin imperial gallon Canadian. 13" h. **$30-$100.**

6. Polarine Transmission tin five gallon. 14" h. **$50-$200.**

4

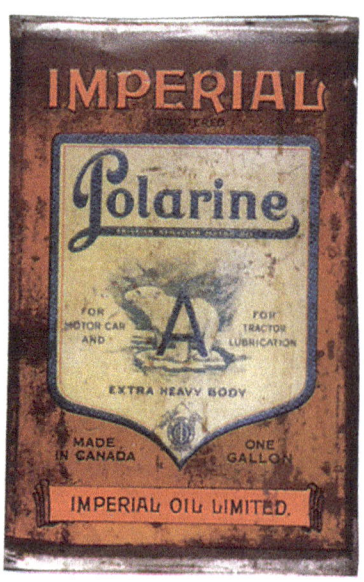

5

6

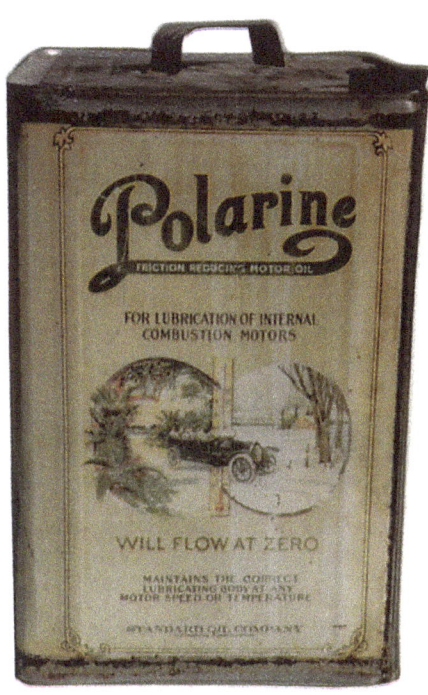

1. Polarine tin five gallon. 14" h. **$200-$900.**

2. Polarine cup grease pail. 5" h. **$20-$75.**

3. Polarine Consult Cart porcelain lube sign. 7 1/2" h. 7" w. **$100-$200.**

4. Polarine porcelain sign. 30" dia. **$100-$200.**

5. Polarine tin sign. 26" h. 17 3/4" w. **$3000-$5000.**

6. Polarine cloth banner. 45 1/2" h. 107" w. **$20-$75.**

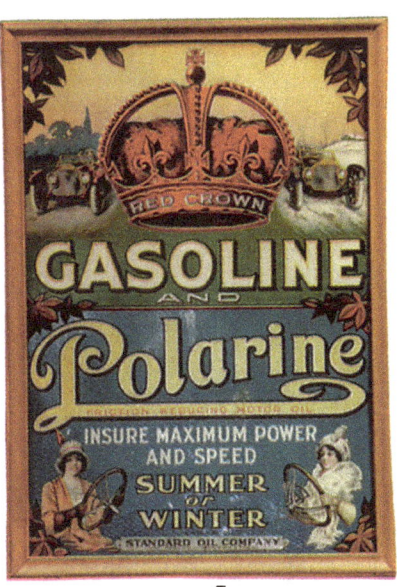

1. Polly Prem Motor Oil tin quart. 5 1/2" h. **$1000-$2000.**

2. Power Motor Oil tin quart. 5 1/2" h. **$5-$50.**

3. Power "G" glass body globe with two lenses. 13 1/2" dia. **$100-$300.**

4. High Powered Power Gasoline metal body globe with two lenses. 15" dia. **$500-$1000.**

5. Power-lube Motor Oil tin quart. 5 1/2" h. **$1000-$2000.**

6. Power-lube Motor Oil porcelain sign. 20" h. 28" w. **$500-$1000.**

1. Pure Oils fourth gallon. 6 1/4" h. **$300-$800.**

2. Pure Oils tin gallon. 11" h. **$50-$100.**

3. Pure Oils tin five gallon easy pour. 14" dia. **$100-$300.**

4. Pure metal body globe with two lenses. 15" dia. **$400-$650.**

5. Purol-Pep metal body with two lenses. 15" dia. **$300-$600.**

6. Purol Gasoline metal body globe with two lenses. 15" dia. **$500-$1200.**

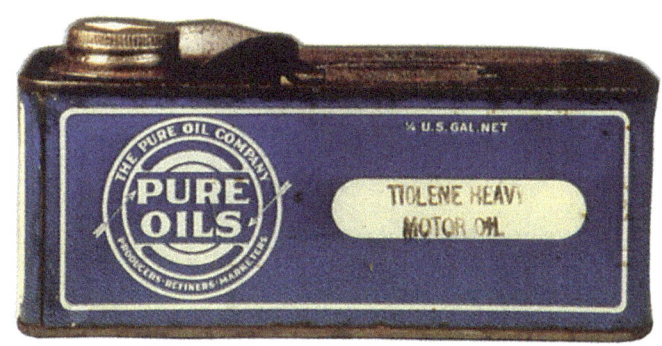
1

2

3

5

6

4

1. Pure Premium porcelain pump sign. 12" h. 10" w. **$50-$150.**

2. Pure-Pep porcelain pump sign. 12" h. 10" w. **$75-$150.**

3. Purol Gasoline painted metal flange sign. 17 1/2" h. 19 3/4" w. **$200-$400.**

4. Ok'd Clean Rest Rooms porcelain sign. 26" h. 18" w. **$200-$400.**

5. Pure Door is kept locked for your safety porcelain sign. 6 1/8" h. 11 1/4" w. **$200-$400.**

1. Purol Tiolene Motor Oil match holder. 1 1/2" h. 2 1/4" w. **$100-$300.**

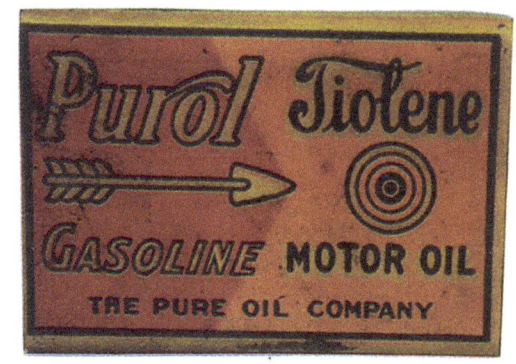

2. Pure Drive Safely embossed tin license plate attachment. 4" h. **$100-$300.**

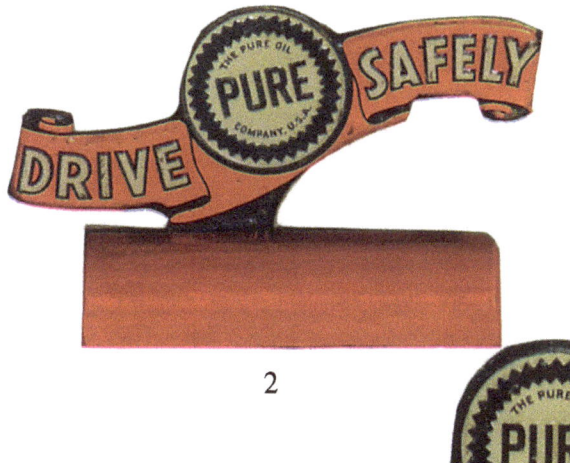

3. Pure Drive Safely embossed tin license plate attachment. 6" h. **$50-$150.**

4. Pure porcelain sign with neon. 50" dia. **$750-$1500.**

1. Pure as Gold tin quart. 5 1/2" h. **$200-$400.**

2. Pure as Gold pound grease. 4 1/2" h. **$50-$125.**

3. Pure as Gold Transmission grease. 6 1/2" h. **$100-$225.**

4. Pep Boys tin gallon. 9 1/2" h. **$750-$1500.**

5. Pep Boys tin gallon. 11" h. **$800-$1000.**

6. Pure as Gold tin two gallon. 10 1/2" h. **$100-$300.**

7. Pep Boys tin two gallon. 11" h. **$200-$500.**

8. Pure as Gold tin two gallon. 11" h. **$100-$300.**

1. Pep Boys Lighter Fluid. 4 1/2" h. **$200-$500.**

2. Purgo Radiator Service metal body with two lenses. 16 1/2" dia. **$500-$800.**

3. Quaker Alcohol tin one gallon. 8 3/4" h. **$40-$100.**

4. Quaker Antifreeze cloth banner. 36" h. 59" w. **$20-$50.**

5. Quaker Alcohol metal thermometer. 38 3/4" h. 8" w. **$150-$300.**

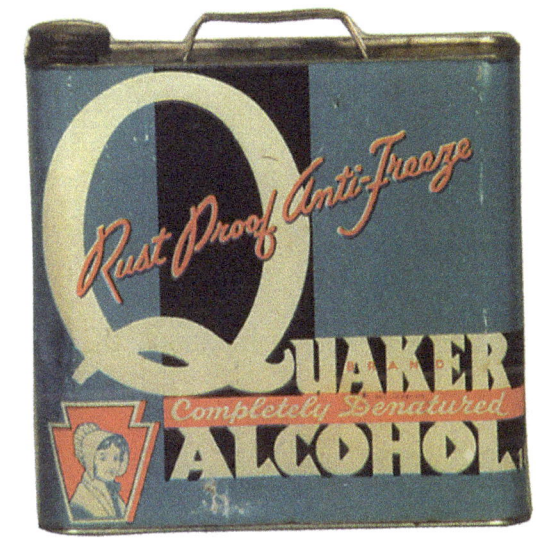

139

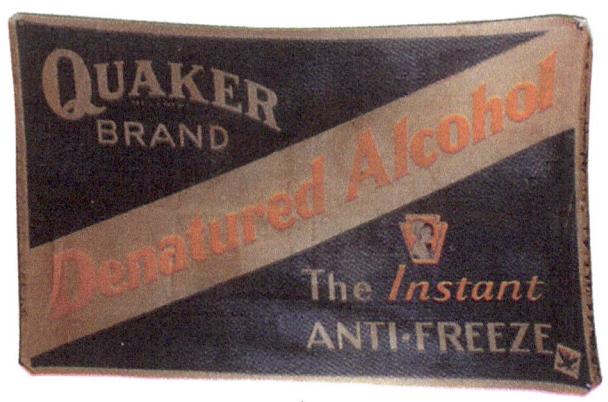

1. Quaker Brand Antifreeze cloth banner. 35" h. 56" w. **$15-$40.**

2. Quaker Antifreeze Alcohol tin gallon. 10 3/4" h. **$20-$50.**

3. Quaker Maid Motor Oil tin quart. 5 1/2" h. **$30-$50.**

4. Quaker Motor Oil tin gallon. 9 1/2" h. **$400-$500.**

5. Quaker State Motor Oil tin quart. 5 1/2" h. **$15-$35.**

6. Quaker State Racing Motor Oil tin quart. 5 1/2" h. **$30-$50.**

1. Quaker State Outboard Oil tin quart. 6 1/2" h. **$5-$50.**

2. Quaker State Grease. 10 1/2" h. **$10-$50.**

3. Quaker State tin gallon. 11" h. **$50-$150.**

4. Quaker State tin five quart. 12" h. **$40-$80.**

5. Quaker State tin gallon. 11" h. **$40-$100.**

1

2

3

4 5

1. Quaker State Motor Oil rack. 36" h. 17" w. **$75-$200.**

2. Quaker State Motor Oil metal rack. 35 1/2" h. 16 1/2" w. **$75-$200.**

3. Quaker State Motor Oil lubster sign. 4 1/2" h. **$40-$100.**

4. Quaker State Motor Oil porcelain sign. 28" h. 26 1/2" w. **$50-$200.**

5. Quaker State Racing Oil painted metal sign. 12" h. 8" w. **$100-$200.**

6. Buy Quality Quaker State tin sign. 34 1/2" h. 94 1/2" w. **$25-$150.**

1. Quaker State Motor Oil tin sign framed. 12 1/2" h. 16 1/2" w. **$75-$150.**

2. Quaker State Motor Oil tin sign. 72" h. 12" w. **$50-$150.**

3. Quaker State metal tray. 8 1/2" dia. **$150-$250.**

4. Quaker State paper banner. 34" h. 57 1/2" w. **$75-$200.**

1. Quaker State Oil tin sign. 12" h. 72 1/2" w. **$50-$200.**

2. Quaker State Cold Test Oil porcelain. 6" h. 26 1/2" w. **$100-$225.**

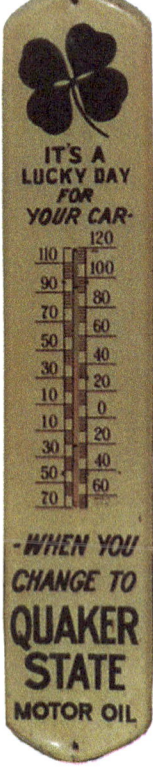

3. Quaker State Motor Oil porcelain sign. 29" h. 26 1/2" w. **$75-$250.**

4. Quaker State Motor Oil painted metal thermometer. 38 1/2" h. 8" w. **$100-$200.**

5. Ask For Quaker State Motor Oil painted metal sign. 24" dia. **$50-$100.**

1. Quaker State neon clock. 21" dia. **$400-$800.**

2. Quaker State Motor Oil light clock. 16 1/2" dia. **$100-$300.**

3. Quaker State neon light up clock. 16" h. 19" w. **$500-$700.**

4. Quaker State light up clock. 15 3/4" h. 15 3/4" w. **$50-$120.**

5. Quaker State pump. 20" h. **$100-$200.**

1

2

3

5

4

1. Rajah tin quart. 5 1/2" h. **$325-$500.**

2. Ravenoyl tin two gallon. 11" h. **$50-$100.**

3. Real Penn Motor Oils curb sign. 52" h. 24" dia. **$200-$550.**

4. Real Penn Motor Oils tin five gallon. 14" h. **$50-$150.**

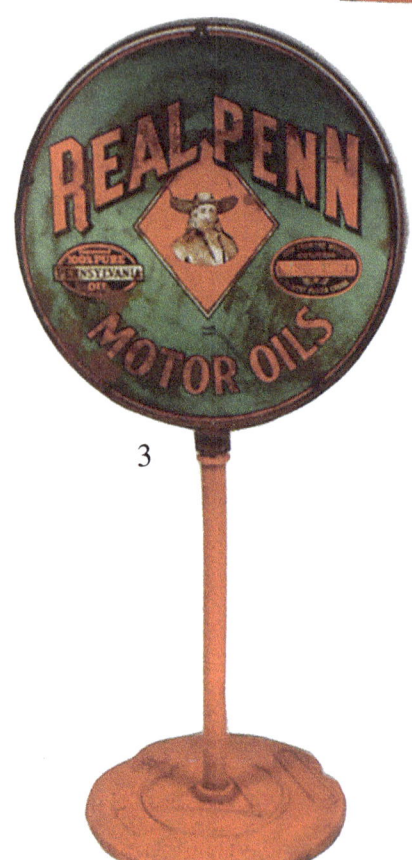

5. Red Aro Gasoline glass body with two lenses. 13 1/2" dia. **$350-$700.**

6. Red Bell Motor Oil tin two gallon. 11" h. **$20-$50.**

1. Red Crown one piece glass globe. 16 1/2" h. 16" w. **$500-$800.**
Note: A Red Crown Ethyl one piece glass globes are valued at **$800-$1500.**

2. Gold Crown one piece glass globe. 16 1/2" h. 16" w. **$300-$600.**

3. Red Crown one piece glass globe. 16 1/2" h. 16" w. **$100-$300.**

4. Red Crown Aviation Gasoline porcelain sign. 30" dia. **$1000-$3000.**

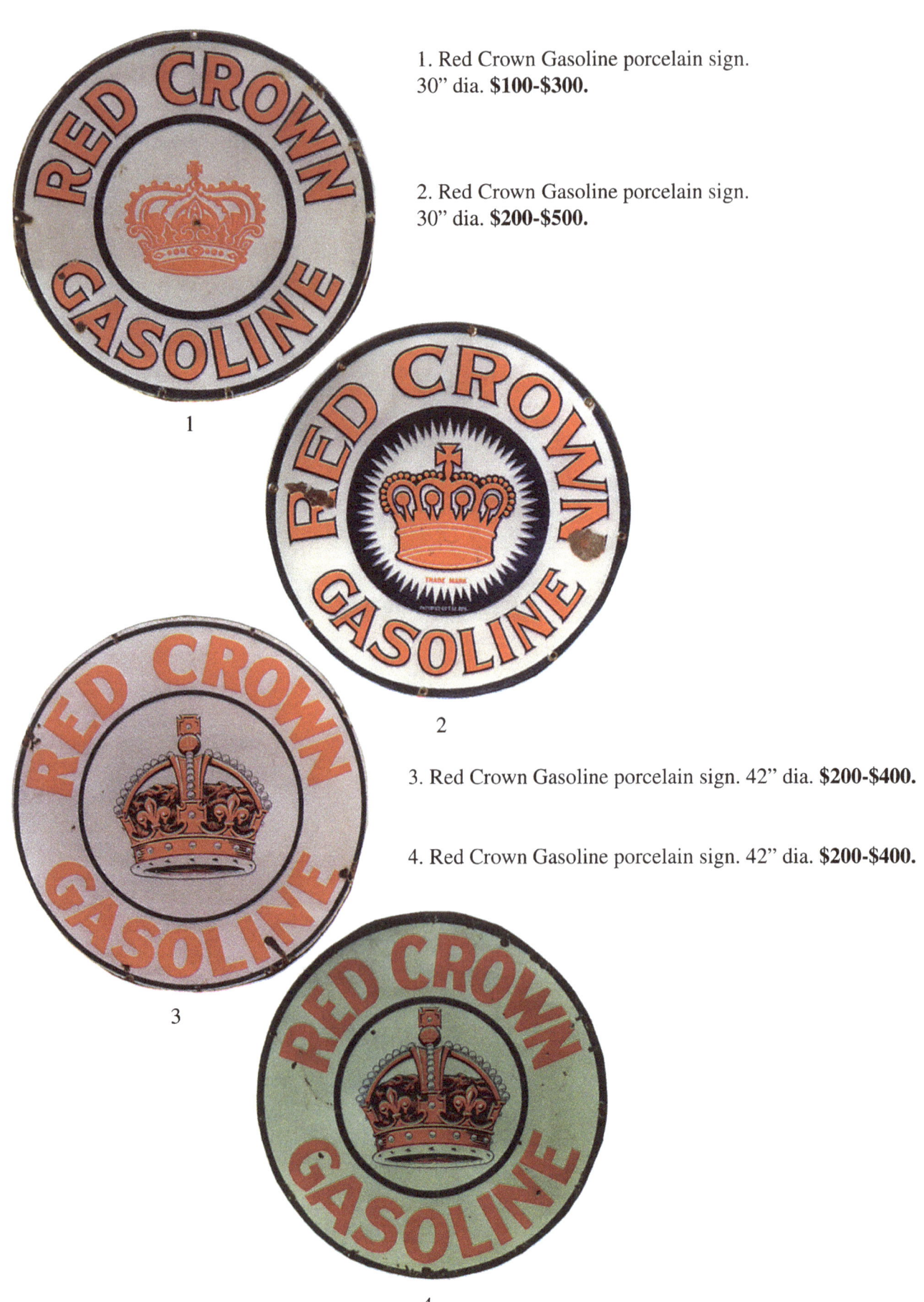

1. Red Crown Gasoline porcelain sign. 30" dia. **$100-$300.**

2. Red Crown Gasoline porcelain sign. 30" dia. **$200-$500.**

3. Red Crown Gasoline porcelain sign. 42" dia. **$200-$400.**

4. Red Crown Gasoline porcelain sign. 42" dia. **$200-$400.**

1. Red Crown porcelain flange sign. 25 3/4" h. 26" w. **$400-$750.**

2. Red Crown Gasoline porcelain thermometer. 74" h. 19" w. **$1500-$2500.**

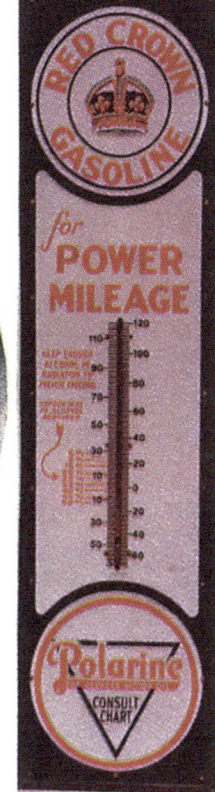

3. Red Crown plastic tire valve caps in box. **$200-$300.**

4. Red Hat Motor Oil rear view mirror. 3 1/2" h. 10" w. **$5-$25.**

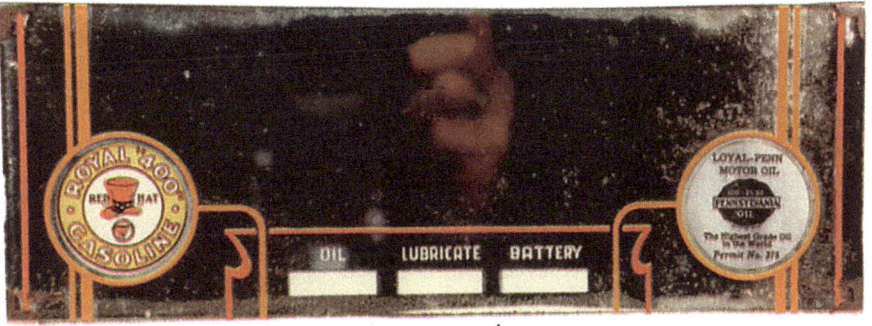

Note: All Red Indian items are Canadian.

1. Red Indian Aviation imperial quart. 6 1/2" h. **$300-$600.**

2. Red Indian Motor Oil tin five quart. 8 1/4" h. **$200-$400.**

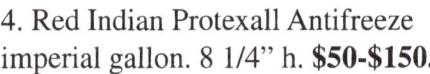

3. Red Indian Protexall Antifreeze tin imperial gallon. 8" h. **$100-$300.**

4. Red Indian Protexall Antifreeze imperial gallon. 8 1/4" h. **$50-$150.**

5. Red Indian Motor Oil tin half gallon. 6 1/4" h. **$300-$600.**

1. Red Indian Motor Oil porcelain sign. 14" h. 21 1/4" w. **$200-$400.**

2. Red Indian Aviation Motor Oil porcelain sign. 11" h. 14" w. **$300-$550.**

3. Red Indian Motor Oils porcelain self framed sign. 24 1/2" h. 17" w. **$2000-$5000.**

4. Red Indian Motor Oils porcelain self framed sign. 26" h. 72" w. **$1000-$1200.**

1

2

3

4

1. Red Indian Marathon paper poster. 15" h. 19" w. **$100-$300.**

2. Red Indian Pathfinder map. **$50-$150.**

3. Red Top Motor Oil tin two gallon. 11" h. **$20-$100.**

4. Red Top Motor Oil tin two gallon. 11" h. **$50-$150.**

1. Refiners Motor Oil tin gallon. 10 1/2" h. **$10-$50.**

2. Refiners Ethyl porcelain sign. 30" dia. **$200-$450.**

1

3. Richfield Circle C Motor Oil tin quart. 5 1/2" h. **$20-$50.**

2

3

4. Richlube Motor Oil tin quart. 5 1/2" h. **$30-$80.**

4

5. Richlube HD Motor Oil tin quart. 5 1/2" h. **$5-$25.**

5

153

1. Richfield Motor Oil tin five quart. 9 3/4" h. **$20-$70.**

2. Richlube Motor Oil tin five quart. 9" h. **$100-$300.**

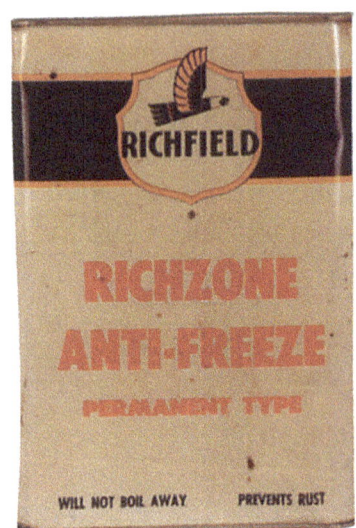

3. Richfield Antifreeze tin gallon. 10" h. **$40-$100.**

Richfield Brake Fluid tin gallon. 10" h. **$5-$25.**

5. Richlube Lubricant five pound grease. 6 1/2" h. **$10-$50.**

1. Richlube Lubricant twenty five pound grease pail. 10" h. **$5-$25.**

2. Richfield Hi-Octane metal body with two lenses. 15" dia. **$300-$450.**

3. Richfield Ethyl metal body with two lenses. 15" dia. **$500-$1000.**

4. Richfield Premium plastic body with two lenses. 13 1/2" dia. **$300-$500.**

1. Richfield Ethyl metal body with two lenses. 15" dia. **$1400-$2000.**

2. Richfield metal body with two lenses. 15" dia. **$800-$1200.**

3. Richfield Hi Octane glass body with two lenses. 13 1/2" dia. **$200-$500.**

4. Richfield Diesel Fuel Oil decal framed. 29" h. 17" w. **$30-$80.**

1. Richfield Ethyl decal framed. 26 3/4" h. 14 3/4" w. **$50-$150.**

2. Richfield Hi-Octane decal framed. 25" h. 13" w. **$40-$80.**

3. Richfield Quality Protected Solvent-Treated metal sign. 12" h. 16" w. **$100-$200.**

4. Richfield 25C metal sign. 25" h. 13" w. **$150-$300.**

1

2

3

4

1. Richlube Motor Oil painted metal sign. 11 1/4" h. 21 1/2" w. **$100-$300.**

2. Richlube 30C metal sign. 12" h. 16" w. **$200-$400.**

3. Richfield Credit Cards Honored Here painted metal flange sign. 14" h. 22" w. **$150-$300.**

4. Richfield The Gasoline of Power metal sign. 29 3/4" h. 29 3/4" w. **$1000-$2000.**

1. Richlube Motor Oil metal spinner sign. 21" h. 36" w. **$100-$250.**

2. Richfield gas pump restored. 120" h. **$400-$600.**

3. Richfield Touring Service map rack. 20" h. 13" w. **$100-$300.**

4. Richfield Salt and Pepper plastic shakers. 2 3/4" h. **$100-$200.**

5. Richlube cloth banner. 36" h. 67" w. **$100-$150.**

1. Riley Bros. That's Oil Motor Oil tin quart. 5 1/2" h. **$15-$45.**

2. Riley Bros. That's Oil tin half gallon. 9 1/2" h. **$10-$45.**

3. Road Boss Motor Oil tin two gallon. 11" h. **$25-$50.**

4. Roamer Motor Oil tin two gallon. 11" h. **$25-$50.**

5. Rocket Motor Oil tin two gallon. 11" h. **$25-$50.**

1. Royal Gasoline metal body globe with two lenses. 15" dia. **$750-$1250.**

2. Royal Gasoline metal body globe with two lenses. 15" dia. **$200-$600.**

3. Royal one piece glass globe. 13" h. 11" dia. **$800-$1500.**

4. Royal porcelain pump sign. 8 1/2" h. 9 1/2" w. **$50-$150.**

1. Royal Trition Motor Oil tin quart. 5 1/2" h. **$5-$25.**

2. Royal Trition Motor Oil tin quart. 5 1/2" h. **$5-$25.**

3. Royal Triton Red Line Products tin gallon. 10" h. 6 1/2" w. **$5-$25.**

4. Royal Triton Motor Oil porcelain sign. 39" h. 25" w. **$100-$200.**

1. Royal Windsor Motor Oil tin quart. 5 1/2" h. **$30-$80.**

2. Royal Windsor Motor Oil tin two gallon. 11" h. **$10-$50.**

3. Royaline Benzol metal body with two painted lenses. 15" dia. **$300-$600.**

4. Royale Republic Regular porcelain pump sign. 11" h. 10" w. **$200-$400.**

1. RPM Motor Oil tin quart. 5 1/2" h. **$5-$50.**

2. RPM Motor Oil tin quart. 5 1/2" h. **$10-$50.**

3. RPM Aviation Oil tin quart. 5 1/2" h. **$5-$25.**

4. RPM metal rack. 35" h. 22" w. **$100-$200.**

5. RPM Motor Oil porcelain sign. 28" dia. **$250-$400.**

1. RPM Motor Oil porcelain sign. 28" dia. **$175-$300.**

2. RPM Motor Oils clock. 15 1/2" h. 15 1/2" w. **$80-$200.**

3. Russolene Brand tin gallon. 10" h. **$20-$80.**

4. Ryan's Jet Regular lens. 13 1/2" dia. **$100-$300.**

5. Regular Save-More System glass body with two lenses. 13 1/2" dia. **$300-$600.**

1. Seaside Gasoline porcelain sign. 37 1/2" h. 37 1/2" w. **$800-$1500.**

2. Service Motor Oil tin two gallon. 11" h. **$100-$150.**

3. Senator tin quart. 5 1/2" h. **$200-$400.**

4. Serotex Oil tin five gallon. 14" h. **$20-$50.**

5. Shamrock oval shaped plastic body globe with two lenses. 12" h. 16" w. **$400-$800.**

6. Shamrock plastic body globe with two lenses. 13 1/2" dia. **$200-$500.**

1. Golden Shell tin quart. 5 1/2" h. **$10-$50.**

2. Shell Rotella Oil tin quart. 5 1/2" h. **$10-$50.**

3. Golden Shell tin quart. 5 1/2" h. **$50-$100.**

4. Shell Huile foreign tin. 9" h. **$75-$150.**

5. Shell Motor Oil tin gallon. 10 1/2" h. **$150-$250.**

1. Shell tin gallon. 10 1/2" h. **$15-$50.**

2. Silver Shell Motor Oil tin two gallon. 11 1/2" h. **$20-$50.**

3. Shell Aviation Spirit foreign tin two gallon. 11" h. **$75-$150.**

4. Shell Mex foreign tin two gallon. 13" h. **$25-$75.**

5. Shell Motor Oil foreign tin two gallon. 11 1/2" h. **$25-$75.**

1. Shell glass quart. 14 1/2" h. **$125-$200.**

2. Silver Shell Motor Oil foreign tin two gallon. 10 1/2" h. **$100-$150**

3. Shell Diesoline foreign one piece milkglass globe. 17" h. 18" w. **$750-$1200.**

4. Shell foreign one piece milkglass globe. 18" h. 18" w. **$275-$550.**

5. Shell foreign one piece milkglass globe. 20" h. 19 1/2" w. **$650-$900.**

6. Shell Mex foreign one piece milkglass globe. 17" h. 17" w. **$300-$650.**

1. Super Shell one piece globe. 17 1/2" h. 17 1/2" w. **$400-$800.**

2. Shell Premium Gasoline porcelain sign. 12" h. 12" w. **$800-$2000.**

3. Shell Gasoline porcelain sign. 25" h. 24" w. **$750-$1000.**

4. Shell porcelain neon. 48" h. 48" w. **$1000-$2000.**

5. Shell porcelain sign. 48" h. 48" w. **$275-$600.**

1. Shell Aviation porcelain flange sign. 15" h. 24" w. **$2000-$3500.**

2. Shell Motor Oils porcelain sign. 11" h. 17 3/4" w. **$300-$700.**

3. Aeroshell Stocked Here porcelain sign. 14 3/4" h. 28 1/4" w. **$1400-$2500.**

4. Shell Huiles porcelain sign. 26 1/2" h. 30 1/2" w. **$200-$500.**

5. From the Pump Shell porcelain sign. 12" h. 36" w. **$1500-$2500.**

1

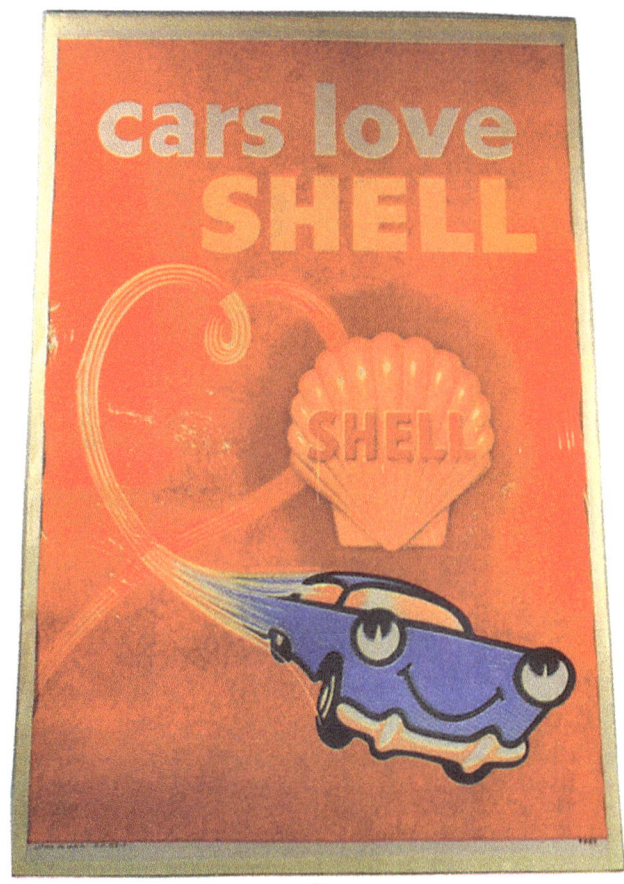

2

3

1. Shell Motor Oil porcelain sign. 40" h. 41" w. **$1200-$2000.**

2. Shell paper poster. 48" h. 32 1/2" w. **$40-$80.**

3. Shell Stop porcelain flange sign. 18" h. 24" w. **$650-$1200.**

4. Super Shell paper poster. 32 1/2" h. 57" w. **$150-$300.**

4

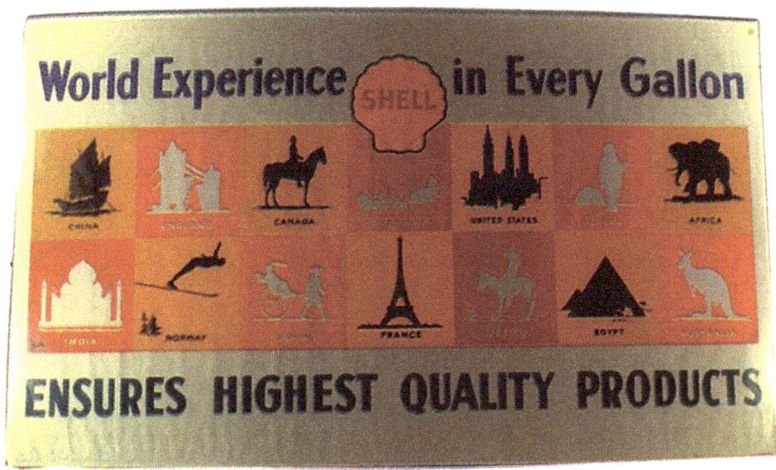

1. Shell paper poster.
33 1/4" h. 58" w. **$20-$50.**

2. Shell metal bottle opener.
3" len. **$50-$100.**

3. Shell tin bank. 3 1/4" h.
2" dia. **$300-$500.**

4. Shell map book. 18 1/2" h.
13 1/2" w. **$75-$150.**

1. Shell Aviation Gasoline wood crate. 14 1/2" h. 21" w. **$50-$150.**

2. Shell glass quart rack and bottles. 15" h. 14 1/2" w. 11 1/2" deep. **$400-$800.**

3. Shell inkwell. 8 3/4" h. **$200-$400.**

4. Shell pocket knife. 2 3/8" len. **$40-$80.**

5. Shell wooden clock. 16" h. 16" w. **$2000-$3500.**

6. Shell gas pump restored. 87" h. **$1000-$2000.**

1. Shell 1939 award. 13" h. 12" w. **$100-$200.**

2. Signal Premium Motor tin quart. 5 1/2" h. **$50-$100.**

3. Signal Penn Motor Oil tin quart. 5 1/2" h. **$100-$300.**

4. Signal Diesel Fuel porcelain sign. 12" dia. **$500-$1000.**

5. Signal Ethyl Gasoline porcelain sign. 12" dia. **$300-$650.**

6. Signal Ethyl porcelain sign. 9" h. 30" w. **$200-$400.**

7. Simplex Projector Oil tin gallon. 9" h. 9 1/2" w. **$20-$80.**

1. Sinclair Tenol tin quart. 5 1/2" h. **$10-$50.**

2. Sinclair Pennsylvania Motor Oil tin quart. 5 1/2" h. **$10-$50.**

3. Sinclair Opaline Motor Oil tin quart. 5 1/2" h. **$20-$80.**

4. Sinclair Pennsylvania Motor Oil tin quart. 5 1/2" h. **$50-$100.**

5. Sinclair Pennsylvania Motor Oil tin quart. 5 1/2" h. **$100-$250.** Scarce "standing Dino."

6. Sinclair Extra Duty Motor Oil tin quart. 5 1/2" h. **$10-$50.**

7. Sinclair Opaline Motor Oil tin quart. 5 1/2" h. **$10-$50.**

8. Sinclair Motor Oil tin quart. 4 3/4" h. **$200-$500.**

9. Sinclair Pennsylvania Motor Oil tin five quart. 9 1/2" h. **$150-$250.**

1. Sinclair Pennsylvania Motor Oil tin five quart. 9 3/4" h. **$20-$80.**

2. Sinclair Opaline Motor Oil tin five quart. 9 3/4" h. **$40-$100.**

3. Sinclair Opaline Motor Oil tin five quart. 9 3/4" h. **$5-$50.**

4. Sinclair Pennsylvania Motor Oil tin five quart. 9 3/4" h. **$20-$80.**

5. Sinclair Opaline Motor Oil tin half gallon. 6 1/4" h. **$150-$350.**

6. Sinclair Opaline Motor Oil tin gallon. 11" h. **$1100-$1800.**

1   2

3   4

5   6

1. Sinclair Opaline Motor Oil tin gallon. 10 1/2" h. **$250-$600.**

2. Sinclair tin five gallon. 14" h. **$50-$100.**

3. Sinclair Power-X glass body globe with two lenses. 13 1/2" dia. **$250-$500.**

4. Sinclair Dino Supreme plastic body globe with two lenses. 13 1/2" dia. **$150-$325.**

5. Sinclair Diesel plastic body globe with two lenses. 13 1/2" dia. **$200-$450.**

6. Sinclair Pennant glass body globe with two lenses. 13 1/2" dia. **$650-$1100.**

1. Sinclair H-C Gasoline one piece milkglass body globe. 16 1/2" h. **$900-$1400.**

2. Sinclair H-C Gasoline glass body globe with two lenses. 13 1/2" dia. **$300-$600.**

3. Sinclair Gasoline one piece milkglass body globe. 16" h. 16" w. **$750-$1100.**

4. Sinclair Gasoline glass body globe with two lenses. 13 1/2" dia. **$400-$800.**

5. Sinclair Oils porcelain sign. 12" dia. **$400-$650.**

6. Sinclair Power-X glass insert. 5" h. 12" w. **$15-$45.**

7. Sinclair H-C glass insert. 5" h. 12" w. **$15-$45.**

1

2

4

3

5

6

7

179

1. Sinclair Opaline porcelain sign. 12" h. 12" w. **$450-$650.**

2. Sinclair Diesel porcelain sign. 13 1/2" h. 12" w. **$30-$90.**

3. Sinclair Pennsylvania Motor Oil porcelain sign. 11" dia. **$200-$400.**

4. Sinclair Pennsylvania Motor Oil metal sign. 16" dia. **$1200-$2000.** Scarce "standing Dino."

5. Sinclair Motor Oils tin sign. 20" h. 22" w. **$100-$250.**

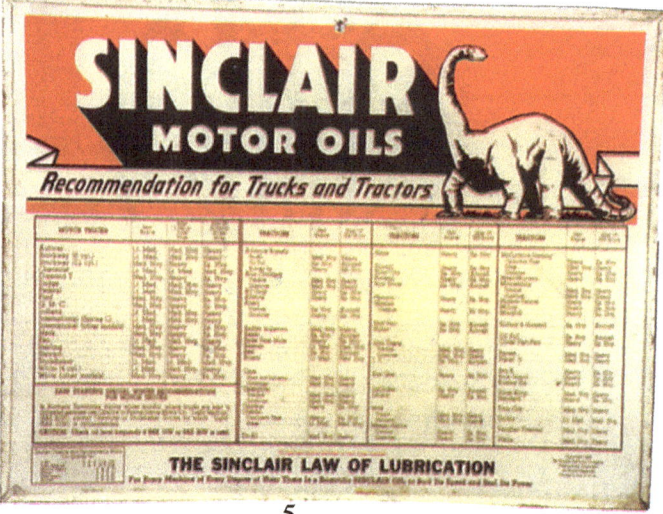

1. Sinclair Opaline Motor Oil porcelain sign. 20 1/4" h. 48 1/4" w. **$350-$650.**

2. Sinclair Opaline Motor Oils porcelain sign. 60" h. 15" w. **$100-$300.**

3. Sinclair Dino metal sign. 18" h. 28 1/2" w. **$300-$500.**

4. Sinclair Opaline porcelain sign. 24" h. 25 3/4" w. **$50-$150.**

5. Sinclair Clean Rest Rooms porcelain sign. 30" h. 37 1/4" w. **$100-$300.**

6. Sinclair H-C Gasoline porcelain sign. 24" dia. **$500-$1000.**

1. Sinclair 50 year book. 15" h. **$20-$50.**

2. Sinclair padlock. 3" h. **$20-$50.**

3. Sinclair Oils clip. 2 1/2" h. 2 1/2" w. **$200-$400.**

4. Sinclair plastic bank. 3" h. 9" len. **$20-$50.**

5. Sinclair Oils dispenser. 28" h. **$50-$125.**

6. Sinclair H-C Neon clock. 20" dia. **$1400-$2100.**

1. Sinclair Power-X tin bank. 4" h. **$50-$150.**

2. Sinclair H-C tin bank. 4" h. **$50-$150.**

3. Sinclair gas pump. 84" h. **$1500-$3000.**

4. Sinclair radio in box. 4 1/2" h. **$50-$125.**

5. Skelly Tagolene Motor Oil tin quart. 5 1/2" h. **$10-$30.**

6. Skelly Ranger Motor Oil tin quart. 5 1/2" h. **$15-$35.**

7. Skelly tin gallon. 10 1/2" h. **$35-$75.**

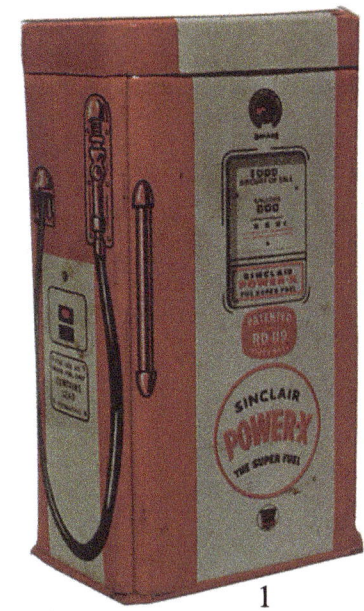

1. Skelly Fortified Premium glass body globe with two lenses. 13 1/2" dia. **$200-$400.**

2. Skelly Fortified Gasoline glass body globe with two lenses. 13 1/2" dia. **$200-$400.**

3. Skelly Gasoline plastic body globe with two lenses. 13 1/2" dia. **$100-$300.**

4. Skelly Premium plastic body globe with two lenses. 13 1/2" dia. **$100-$200.**

5. Skelly Aromax Ethyl porcelain sign. 30" dia. **$750-$1300.**

6. Skelly clock. 15 1/2" h. 15 1/2" w. **$100-$300.**

1. Skelly cardboard fan. 8 1/2" h. 13" w. **$100-$200.**

2. Skelly Tagolene porcelain sign. 39 1/2" h. 27 3/4" w. **$100-$300.**

3. Sky High Motor Oil tin two gallon. 11 1/2" h. **$100-$200.**

4. Sky Ranger Aviation Oil porcelain sign. 19" h. 26" w. **$250-$600.**

5. Sky Ranger rare porcelain sign. 10" dia. **$2000-$3400.**

6. Skyway Motor Oil tin quart. 5 1/2" h. **$250-$400.**

1

2

3

4

5

6

1. Smith-o-lene Aviation Brand Gasoline porcelain sign. 10" dia. **$1000-$2500.**

2. Socony Motor Oil tin gallon. 11" h. **$20-$80.**

3. Sliptivity Motor Oil tin. 12 3/8" h. **$350-$650.**

4. Socony Motor Oil for Fords tin gallon. 11" h. **$50-$100.**

5. Socony Aircraft Oil tin gallon. 11" h. **$50-$150.**

1. Socony Kerosene Oil tin gallon. 11" h. **$50-$100.**

2. Socony Motor Oil tin gallon. 11" h. **$50-$100.**

3. Socony tin five gallon. 14" h. **$20-$80.**

4. Socony Aircraft Oil tin five gallon in wood crate. 14" h. **$100-$200.**

5. Socony Motor Oil tin. 5 1/2" h. **$10-$50.**

6. Socony Liquid Gloss tin. 7 1/2" h. **$10-$50.**

7. SOC plastic body globe with two lenses. 13 1/2" dia. **$100-$250.**

1

2

3

4

5

6

7

1. Socony Motor Oil Gasoline metal body with one milk-glass lens. 15" dia. **$1000-$1600.**

2. Socony metal body globe with two lenses. 15" dia. **$250-$500.**

3. Socony Motor Gasoline milkglass lens. 16 1/2" dia. **$500-$1000.**

4. Socony glass lens. 15" dia. **$100-$300.**

5. Socony Motor Oil curved pole porcelain sign. 15" h. 13" w. **$100-$300.**

6. Socony Motor Oil porcelain lube sign. 12 1/2" h. 8" w. **$300-$600.**

1. Socony Motor Oils porcelain sign. 18" h. 36" w. **$100-$300.**

2. Socony Motor Gasoline porcelain flange sign. 24 1/8" h. 20" w. **$650-$1200.**

3. Socony Gasoline Polarine brush. 7" h. 2" w. **$10-$30.**

4. Socony cardboard radiator cover. 12" h. 19 1/2" w. **$50-$100.**

5. Socony Motor Gasoline pocket mirror. 3 1/2" dia. **$40-$80.**

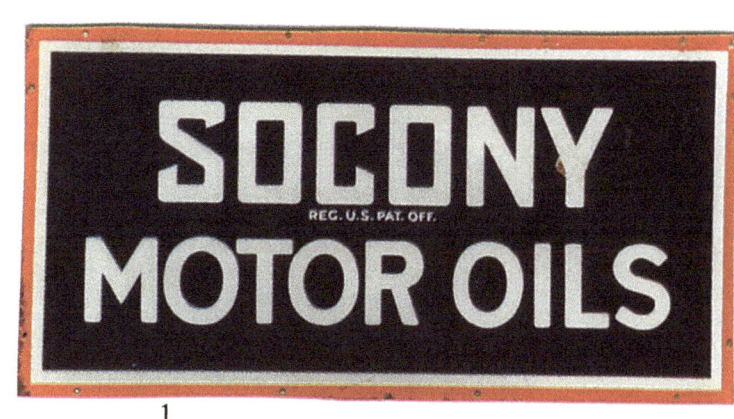

1. Socony Motor Oil porcelain sign. 6" h. 9" w. **$200-$400.**

2. Socony Gasoline curved pole porcelain sign. 7 1/2" h. 11 1/2" w. **$100-$200.**

3. Socony Chassis Lubricant porcelain sign. 18" h. 36" w. **$100-$300.**

4. Socony Air-Craft Oils porcelain sign. 20" h. 28" w. **$750-$1500.**

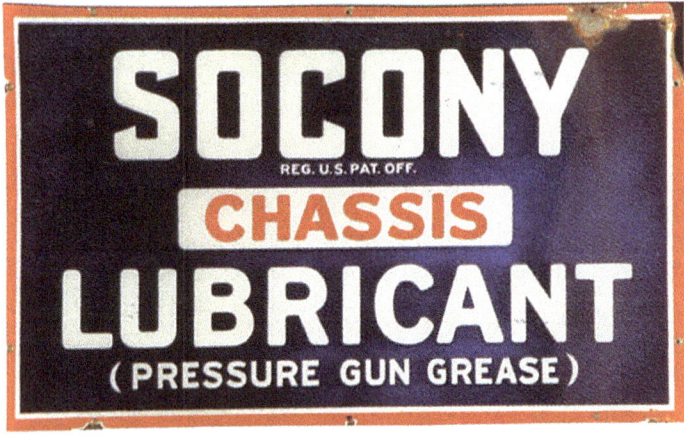

5. Socony Stop Here Motor Oil porcelain sign. 24" dia. **$200-$400.**

1. Sohio Motor Oil tin. 9 1/2" h. 3 1/2" dia. **$20-$50.**

2. Sohio Ethyl Gasoline porcelain sign. 30" h. 24 1/2" w. **$300-$600.**

1

2

3. Sohio Premex metal sign. 10" h. 15 1/4" w. **$100-$200.**

3

4. Sohio glass block bank. 4 3/4" h. 4 3/4" w. **$30-$80.**

5. Speedway Motor Oil tin quart. 5 1/2" h. **$40-$80.**

4

5

1. Spunkey's Ethyl glass body with two lenses. 13 1/2" dia. **$300-$450.**

2. Standard Lubrite Motor Oil tin five quart. 9 3/4" h. **$25-$75.**

3. Standard Transmission Oil tin gallon. 11" h. **$15-$40.**

4. Standard Iso-Vis Motor Oil tin quart. 5 1/2" h. **$15-$40.**

5. Socony Vacuum Lubrite tin two gallon. 11" h. **$30-$90.**

6. Stanavo tin five gallon. 14" h. **$150-$300.**

1. Standard five gallon. 21" h. **$25-$50.**

2. Standard Oil Iso-Vis tin five gallon. 13 1/2" h. **$30-$100.**

3. Standard Oil glass quart. 15" h. **$50-$100.**

4. Standard Oil Coach Oil tin. 6 3/4" h. **$200-$400.**

5. Standard Household Lubricant tin. 5" h. **$10-$30.**

6. Stanolind Aviation Gasoline metal body with two lenses. 16 1/2" dia. **$3000-$4500.**

1. Standard Motor Oil porcelain sign. 18" h. 36" w. **$150-$200.**

2. Stanocola Gasoline Polarine porcelain sign. 14" h. 24" w. **$1200-$1700.**

3. Standard No Smoking porcelain sign. 4 1/2" h. 24" w. **$200-$325.**

4. Standard porcelain sign. 36" dia. **$75-$150.**

1. Standard Gasoline Polarine porcelain sign. 48" h. 18 1/2" w. **$400-$800.**

2. Standard Oil Safety First porcelain sign. 17 3/4" h. 12" w. **$200-$400.**

3. Stanavo wood crate. 15 1/4" h. 21" w. **$200-$400.**

4. Standard Oil Company Stanocola porcelain sign. 30" dia. **$2000-$3500.**

5. Standard Credit Cards Honored porcelain sign. 36" h. 24" w. **$100-$200.**

1

2

3

4

5

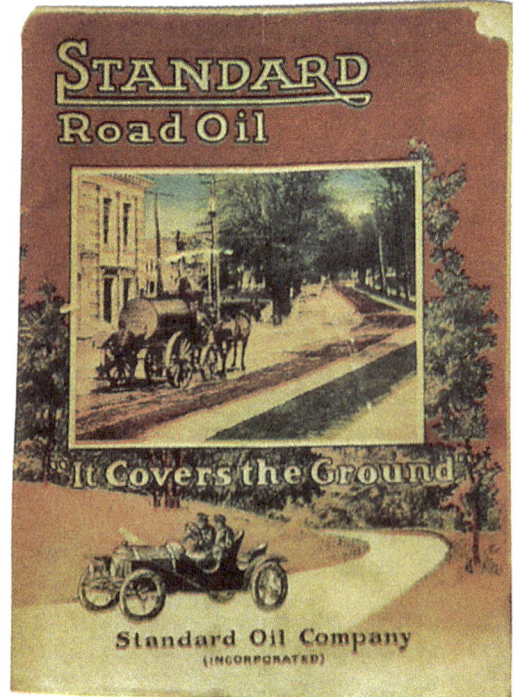

1. Standard Oil checker game. **$50-$150.**

2. Standard Road Oil booklet. 10" h. 7" w. **$40-$80.**

3. Standard Oil Company wood crate. 15" h. 20 1/2" w. **$200-$300.**

4. Standard Oil salt and pepper plastic shakers. 2 3/4" h. **$50-$150.**

5. Standard Oil bottle rack. 15" h. 17" w. **$400-$700.**

1. Standard Oil metal thermometer.
11 1/2" h. 3" w. **$20-$40.**

2. Star Motor Oil tin two gallon.
11" h. **$100-$200.**

3. Strata Motor Oil tin two gallon.
11" h. **$25-$75.**

4. Sturdy Motor Oil tin two gallon.
11" h. **$20-$50.**

5. Sturdy Motor Oil tin two gallon.
10" h. **$40-$80.**

6. Sturdy Motor Oil tin two gallon.
11 1/2" h. **$25-$75.**

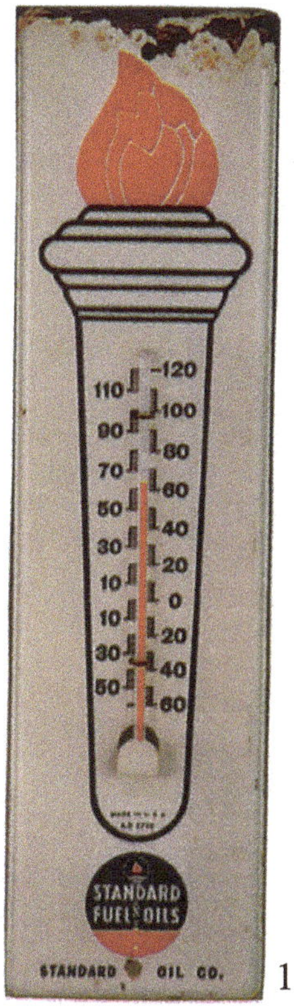

1

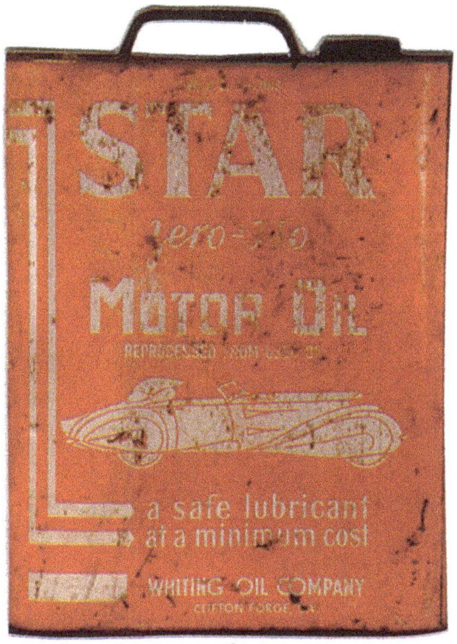

2

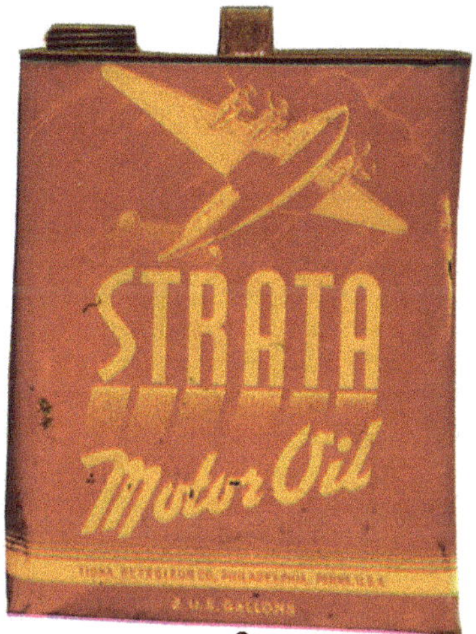

3

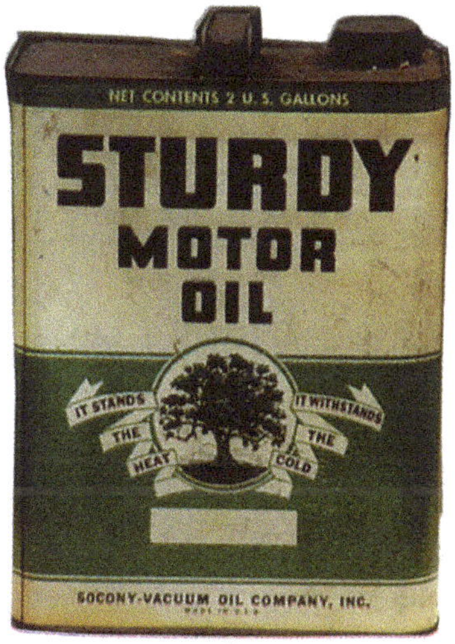

4

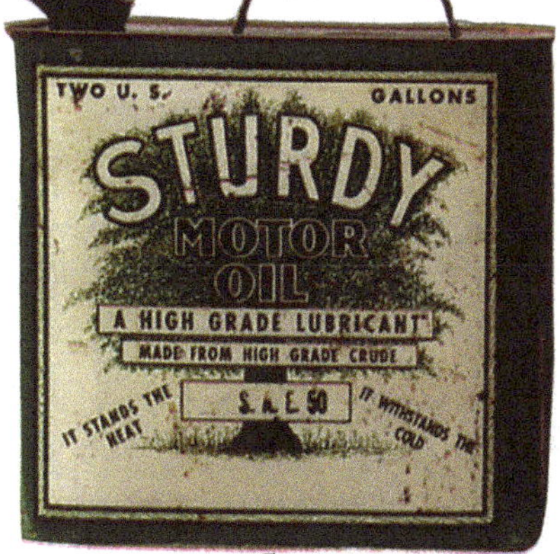

5

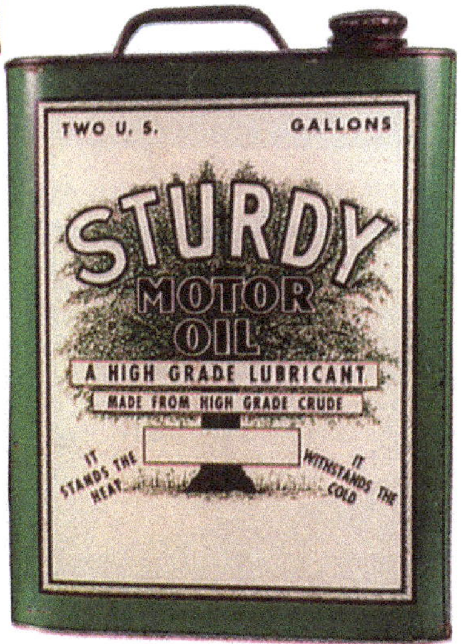

6

1. Sterling Motor Oil tin quart. 5 1/2" h. **$30-$100.**

2. Sterling Gasoline porcelain sign. 14 3/4" h. 12" w. **$250-$325.**

3. Ask For Sterling Oils tin sign. 19 3/4" h. 13 3/8" w. **$125-$250.**

4. Sterling Quality porcelain sign. 8 1/2" h. 11" w. **$150-$275.**

5. Sterling Motor Oil tin sign framed. 36" h. 72" w. **$150-$350.**

1. Sterling Gasoline porcelain sign. 40" h. 59" w. **$300-$600.**

2. Sterling Cards Honored porcelain sign. 10" h. 8" w. **$200-$325.**

3. Sterling Gasoline hat. **$150-$250.**

3. Sun Light Oil tip tray. 4" dia. **$40-$80.**

5. Sun Light Axle Grease tin. 4" h. **$15-$50.**

1. Sunoco Motor Oil tin gallon. 11" h. **$50-$125.**

2. Sunoco Automotive Lubricant. 4" h. **$10-$30.**

3. Blue Sunoco metal body globe with two lenses. 15" dia. **$300-$450.**

4. Sunoco Dynafuel lens set. 14 1/2" dia. **$300-$600 set.**

5. Sunoco Dynafuel metal body globe with two lenses. 15" dia. **$600-$1000.**

6. Dynafuel porcelain sign. 8" h. 12" w. **$125-$175.**

1. Blue Sunoco porcelain sign. 8" h. 12 1/2" w. **$275-$450.**

2. Blue Sunoco 200 porcelain sign. 20 1/2" h. 15" w. **$150-$225.**

3. Blue Sunoco porcelain sign. 22" h. 18 1/2" w. **$150-$225.**

4. Distilled Sunoco Motor Oil porcelain sign. 12" h. 10" w. **$150-$225.**

5. Sunoco Mercury Made Motor Oil porcelain sign. 12" h. 10" w. **$175-$250.**

1. Sun Oil Company Charge Accounts porcelain sign. 18" h. 23 5/8" w. **$150-$250.**

2. Sunoco Charge Accounts Honored porcelain sign. 18" h. 14" w. **$150-$250.**

3. Sun Oils Sunoco Motor Oil metal flange sign. 19 1/2" h. 25" w. **$150-$425.**

4. Sun Oils Sunoco Motor Oil porcelain sign. 19 1/2" h. 25 1/2" w. **$500-$800.**

1. Sun Oil Company porcelain sign. 24" h. 12" w. **$50-$150.**

2. Sunoco light up sign. 39" h. 47 1/2" w. **$200-$400.**

3. Sunoco porcelain sign. 45" h. 72" w. **$400-$600.**

4. Sunoco Passenger Car Chart paper. 21 3/4" h. 14" w. **$10-$50.**

5. Sunoco A to Z Lubrication porcelain sign. 12" h. 30" w. **$25-$100.**

1

2

3

4
5

1. Sunoco Mercury Made Motor Oil cloth banner. 35 1/2" h. 60 1/2" w. **$200-$400.**

2. Nu-Blue Sunoco blotter. 4" h. 7" w. **$40-$80.**

3. Sunoco Car Saver Service pressed board sign. 18 1/2" h. 32" w. **$50-$125.**

4. Just Ahead Sunoco tin sign. 22" h. 70" w. **$200-$400.**

1. Blue Sunoco Motor Fuel blotter. 3 3/4" h. 7 3/4" w. **$5-$25.**

2. Sunoco Motor Oil porcelain bottle rack. 27 3/4" h. 29 1/2" w. **$400-$700.**

3. Sunoco Rest Rooms porcelain sign with original hanger. 14" h. 22" w. **$750-$1500.**

4. Sunoco Mens / Ladies rest room porcelain signs. 3" h. 7" w. **$500-$700.**

5. Sunoco radio in box. 7" h. **$40-$100.**

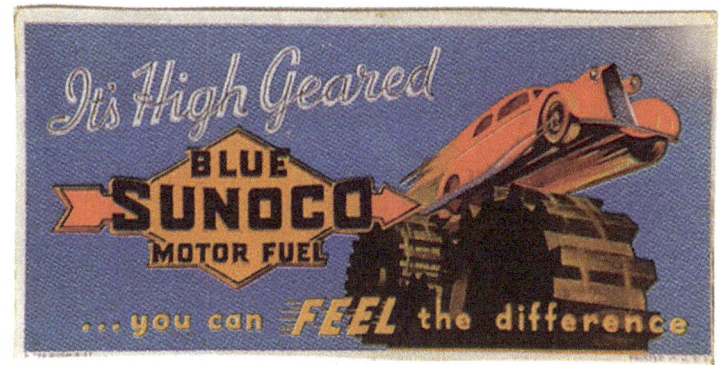

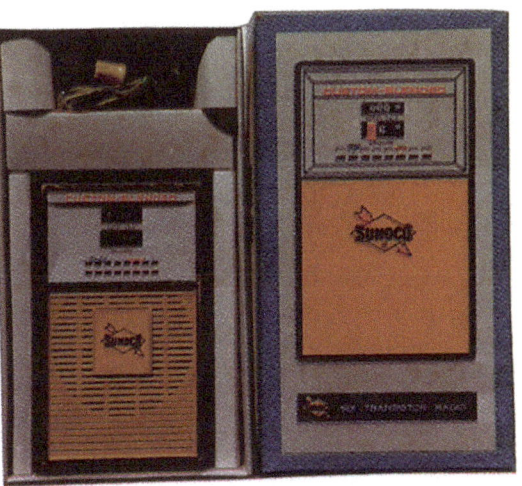

1. Sunoco lighter. 3 1/2" h. 1 3/4" w. 1 1/4" deep. **$250-$350.**

2. Sunoco tin bank. 3" h. **$40-$100.**

3. Sunoco Dealer hat. Size 7 1/4. **$150-$250.**

4. Sunoco cuff links in box. 1" h. 1" w. **$100-$200.**

5. Sunoco Zippo lighter in box. 2 1/8" h. 1 1/8" w. **$45-$90.**

1. Sun-Rae Oil tin five gallon. 14" h. **$50-$200.**

2. Sunray DX Petroleum Products porcelain sign. 27" h. 27" w. **$500-$800.**

3. Super Flash Ethyl glass body with two lenses globe. 13 1/2" dia. **$800-$1500.**

4. Super A Gasoline glass body globe with two lenses. 13 1/2" dia. **$225-$400.**

5. Super-Lube Motor Oil tin two gallon. 11" h. **$50-$150.**

6. Super Penn Motor Oil tin two gallon. 11" h. **$25-$75.**

1. Superol Motor Oil tin quart. 5 1/2" h. **$25-$50.**

2. Super Power metal body with two lenses. 13 1/2" dia. **$300-$600.**

3. Supreme Auto Oil porcelain flange sign. 18" h. 22" w. **$150-$325.**

4. Supreme Auto Oil porcelain flange sign. 18" h. 22" w. **$100-$300.**

5. Supreme Auto Oil tin gallon. 5 1/2" h. 8 1/2" w. **$50-$150.**

1. Texaco Outboard Motor Oil tin quart. 7 1/2" h. **$40-$100.**

2. Texaco Motor Oil Extra Heavy tin. 15" h. **$200-$500.**

3. Texaco 574 Oil tin. 6" h. **$50-$150.**

4. Texaco Motor Oil Insulated tin imperial quart. 6 1/2" h. **$25-$100.**

5. Texaco Outboard Motor Oil glass quart. 7" h. **$50-$125.**

1. Texaco Ursa ED Motor Oil tin quart. 5 1/2" h. **$10-$35.**

2. Texaco Ursa LA-3 Motor Oil tin quart. 5 1/2" h. **$10-$35.**

3. Texaco Ursa Super-3 Motor Oil tin quart. 5 1/2" h. **$10-$35.**

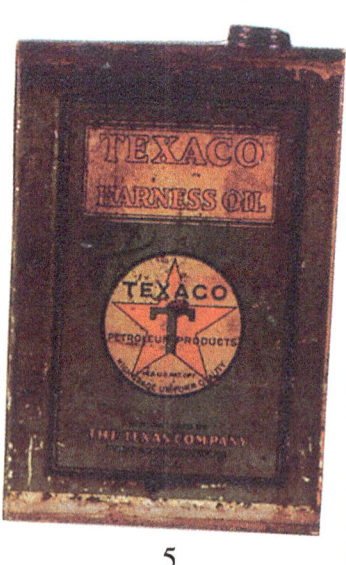

4. Texaco Aircraft Engine Oil tin quart. 5 1/2" h. **$25-$100.**

5. Texaco tin half gallon. 6 1/2" h. **$50-$100.**

6. Texaco glass quart. 14 1/2" h. **$250-$400.**

7. Texaco Thuban Compound five pound. 9 1/2" h. **$150-$300.**

8. Texaco Motor Oil tin half gallon. 6 3/4" h. **$350-$550.**

1. Texaco Marine Motor Oil tin gallon. 10" h. **$300-$600.**

2. Texaco Valor Motor Oil tin two gallon. 11" h. **$30-$80.**

3. Texaco tin five gallon. 13 1/4" h. **$100-$175.**

4. Texaco Marfak twenty-five pound grease. 9 1/4" h. 12" dia. **$25-$75.**

5. Texaco five gallon tin. 14" h. **$25-$75.**

6. Texaco tin five gallon. 14" h. **$75-$200.**

1. Texaco Diesel Chief plastic body globe with two lenses. 13 1/2" dia. **$500-$1000.**

2. Texaco Diesel Fuel plastic body globe with two lenses. 13 1/2" dia. **$1000-$2000.**

3. Texaco glass one piece globe. 17 1/2" h. 16" w. **$1000-$2000.**

4. Texaco glass body globe with two lenses. 13 1/2" dia. **$400-$900.**

5. Texaco Sky Chief glass body globe with two lenses. 13 1/2" dia. **$200-$350.**

6. Texaco Motor Oil porcelain sign. 5 1/2" h. 5" w. **$150-$300.**

1. Texaco keyhole porcelain sign. 12 1/2" h. 10 5/8" w. **$250-$500.**

2. Texaco Sky Chief Petrox porcelain sign. 22 1/4" h. 12" w. **$75-$175.**

3. Texaco No Smoking porcelain sign. 4" h. 23" w. **$150-$250.**

4. Texaco Golden porcelain flange sign. 23" h. 17 1/2" w. **$200-$500.**

5. Texaco porcelain letters. 18" h. 73" w. **$200-$400.**

6. Texaco Certified Lubrication porcelain sign. 8 3/4" h. 38 5/8" w. **$600-$1000.**

1

2

3

4

5

6

1. Texaco Sky Chief Supreme Petrox porcelain sign. 18" h. 12" w. **$40-$100.**

2. Texaco Sky Chief Gasoline porcelain sign. 18" h. 12" w. **$50-$150.**

3. Texaco Fire Chief porcelain sign. 12" h. 8" w. **$50-$150.**

4. Texaco porcelain sign. 8" dia. **$400-$650.**

5. Texaco Sky Chief Marine Petrox porcelain sign. 22 1/4" h. 12" w. **$300-$500.**

6. Texaco Marine White Gasoline porcelain sign. 18" h. 12 1/2" w. **$1200-$2000.**

7. Texaco Sky Chief Supreme porcelain sign. 18" h. 12" w. **$150-$300.**

1. Texaco Fire Chief rounded porcelain pole sign. 12" h. 8" w. **$150-$300.**

2. Texaco Diesel Chief porcelain sign. 18" h. 12" w. **$100-$200.**

3. Texaco Diesel Fuel 2 with yellow background (rare) porcelain sign. 18" h. 12" w. **$175-$300.**

4. Texaco Golden rounded pole sign. 15" h. 13 1/2" w. **$375-$600.**

5. Texaco Diesel Chief tin sign. 9 3/4" h. 15 1/4" w. **$300-$500.**

1

2

3

4

5

1. Texaco Gasoline Motor Oil porcelain sign. 42" dia. **$250-$450.**

2. Texaco Motor Oil Insulated porcelain sign. **$150-$275.**

3. Texaco Marine Motor Oil porcelain sign. 15" h. 30" w. **$2000-$5000.**

4. Texaco Marine Lubricants porcelain sign. 11" h. 21" w. **$2000-$4000.**

5. Texaco Motor Oil metal sign. 11 1/8" h. 21 3/8" w. **$150-$250.**

1. Texaco Motor Oil Drain and Refill With porcelain sign. 27" h. 18 1/2" w. **$100-$450.**

2. Texaco Kerosine Clear Burning tin sign. 11 3/4" h. 19 3/4" w. **$100-$225.**

3. Texaco Motor Oil porcelain flange sign. 23" h. 18" w. **$500-$750.**

4. Texaco Motor Oil porcelain sign. 30" h. 30" w. **$200-$500.**

5. Texaco Farm Lubricants Sold Here porcelain sign. 30" h. 42" w. **$225-$550.**

1

2

3

4

5

1. Texaco Motor Oil porcelain flange sign. 23" h. 18" w. **$300-$600.**

2. Texaco Aviation Products porcelain sign. 24" dia. Rare. **$3000-$6000.**

3. Texaco Gasoline Filling Station porcelain neon sign. 25" dia. Fantasy piece. **$500-$1000.**

4. Texaco Easy Pour Can porcelain sign. 16" h. 15 1/4" w. **$1200-$2200.**

5. Buy the Best Buy Texaco tin sign. 24" h. 40" w. **$250-$500.**

1. Texaco Free Crankcase Service porcelain sign. 30" h. 30" w. **$350-$700.**

2. Texaco Fire Chief cloth banner. 30" h. 17" w. **$100-$300.**

3. Texaco nylon flag. 29" h. 41 1/2" w. **$50-$125.**

4. Texaco nylon flag. 28 1/2" h. 45" w. **$50-$125.**

1. Texaco Dim Your Lights poster. 40" h. 25 3/4" w. Rare. **$500-$1200.**

2. Texaco Fire Chief gas pump restored. 74" h. **$1000-$2000.**

3. Texaco Sky Chief Supreme Petrox Tokheim gas pump restored. 57 1/2" h. **$500-$1100.**

4. Texaco oil dispenser cart. 72" h. **$1200-$2700.**

5. Texaco Outboard Lubricants rack. 44" h. 20" w. **$150-$275.**

1. Texaco cardboard blotter. 3" h. 6" w. **$75-$150.**

2. Texaco glass clock. 14 1/2" dia. **$375-$650.**

3. Texaco glass bottle. 6 1/4" h. **$325-$450.**

4. Texaco paper mask. 12" h. 14 1/2" w. **$25-$75.**

5. Texaco plastic salt and pepper shakers. 2 3/4" h. 1" w. **$50-$125.**

6. Texaco metal key rings. 5 5/8" h. 3 1/2" w. Sign. 12" h. 9" w. **$225-$325.**

221

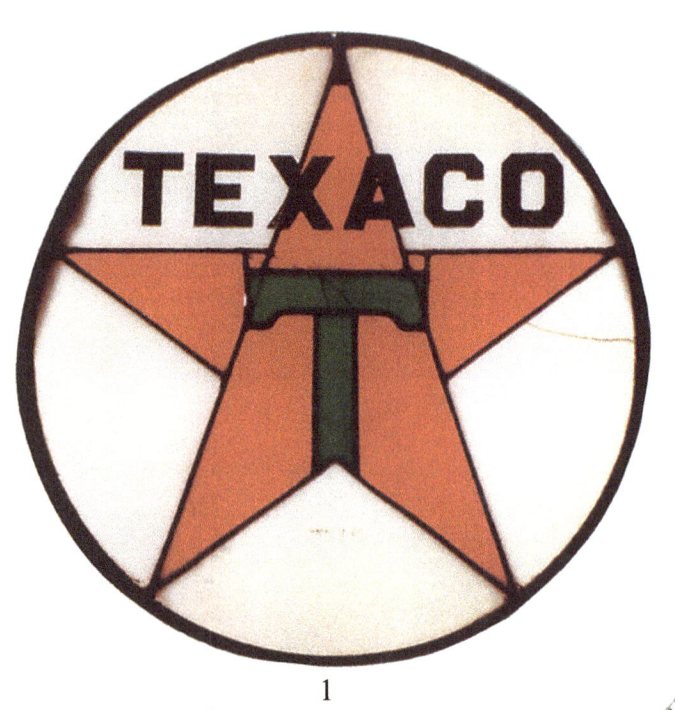

1. Texaco stain glass window. 22" dia. **$900-$1500.**

2. Texaco wood crate. 14 1/2" h. 21" w. **$150-$300.**

3. Texaco metal display. 10" h. 16 1/2" long 10 1/2" w. **$50-$125.**

4. Texaco horse drawn tank wagon. 11 ft. h. 1 ft. long. **$6500-$10,000.**

5. Texaco metal oil drum. 40" h. 25 1/4" dia. **$850-$1500.**

1

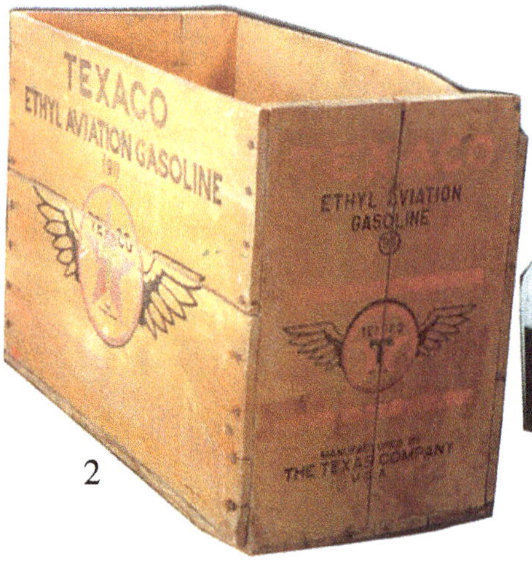

2

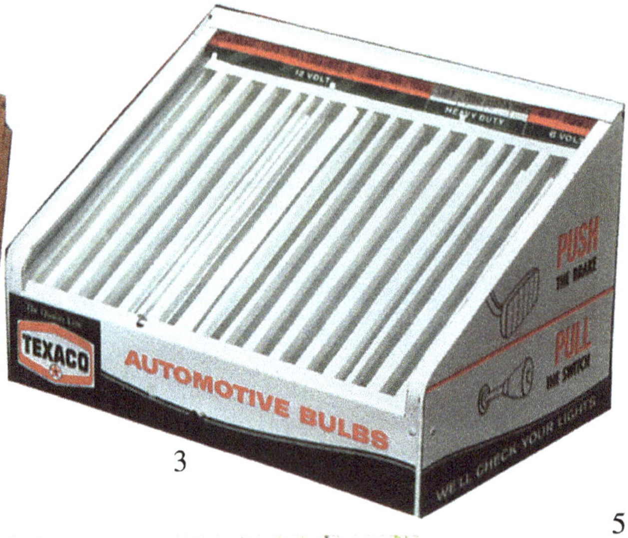

3

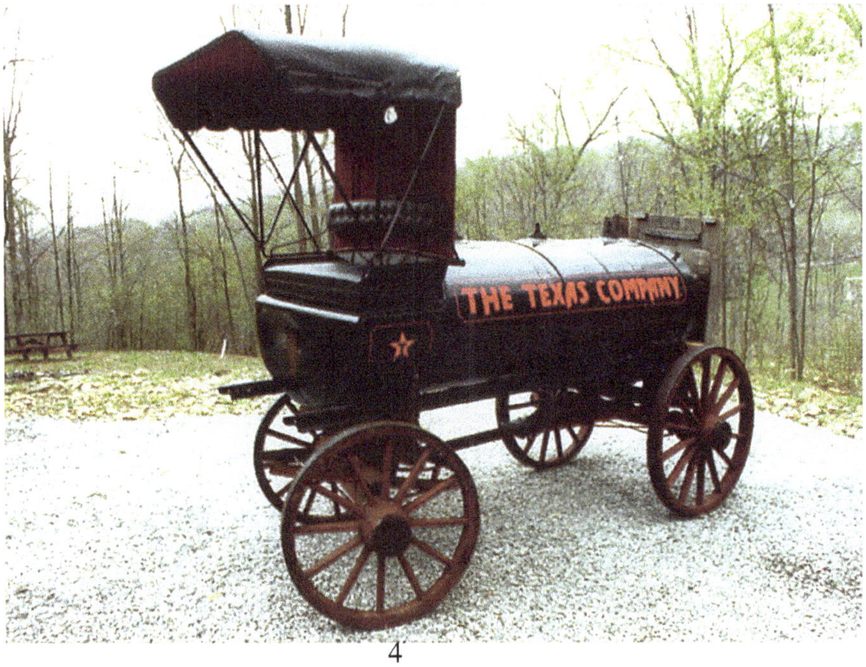

4

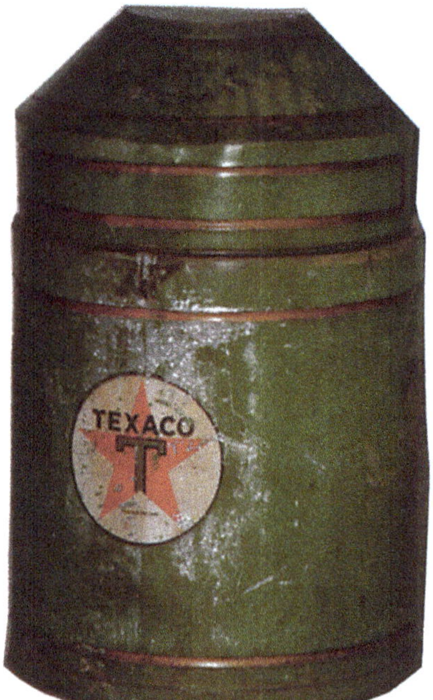

5

1. Texaco metal thermometer. 23 1/2" h. 7" w. **$80-$150.**

2. Texaco cloth salt bag. 12 3/4" h. 6 1/2" w. **$50-$100.**

1

2

3. Texaco metal stamp. 4" h. 4" w. **$50-$100.**

3

4. Texaco metal map rack. 9" h. 4" w. **$100-$175.**

5. Texaco metal radio in original box. 5" h. 2 1/2" dia. **$75-$175.**

4

5

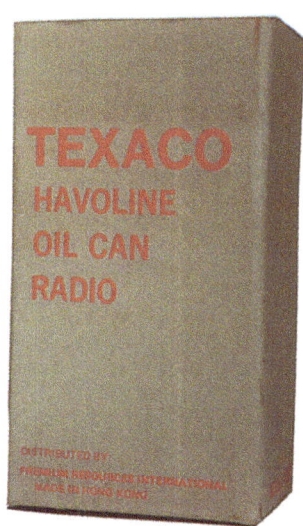

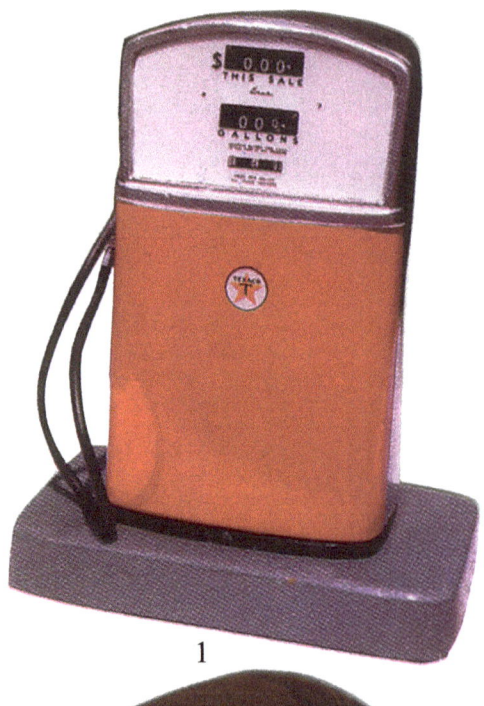

1. Texaco wood desk accessory. 6 3/4" h. 5 1/2" w. 3" d. **$150-$300.**

2. Texaco metal lighter. 2" h. **$150-$250.**

3. Texaco cloth hat. **$10-$25.**

4. Texaco cloth hat. Size 7 3/8. **$60-$110.**

5. Texaco cloth shirt. Size medium. **$100-$200.**

6. Texaco paper calendar. 19" h. 9 1/2" w. **$100-$200.**

7. Texaco cast iron doorstop. 9 1/2" h. 5" w. **$200-$300.**

1. Texaco glass ashtray. 6" dia. **$25-$75.**

2. Texaco china plate. 9" dia. **$200-$325.**

3. Texaco china cup. 3" h. **$200-$325.**

4. Texaco wood anniversary plaque. 10" h. 8" w. **$50-$125.**

5. Plastic Slice n Dice 8" h. 6" w. **$25-$75.**

225

1. Texaco G. porcelain tag. 1 1/2" h. 4" w. **$40-$60.**

2. Texaco metal map rack. 12" h. 9" w. 5" depth. **$50-$125.**

3. Texaco cloth banner. 33" h. 15" w. **$40-$100.**

4. Texaco key maker kit. **$750-$1200.**

5. Texaco plastic advertisement. 21 1/2" h. 15" w. **$20-$50.**

1. Texaco glass sample bottles. **$400-$550.**

2. Texaco Star book. 11" h. 8 1/2" w. **$500-$900.**

3. Texaco book marker with Auto Blue book dated 1916. 9 3/8" h. 5 1/4" w. 2" d. **$75-$125.**

4. Texaco road atlas (4). **$25-$75.**

1

2

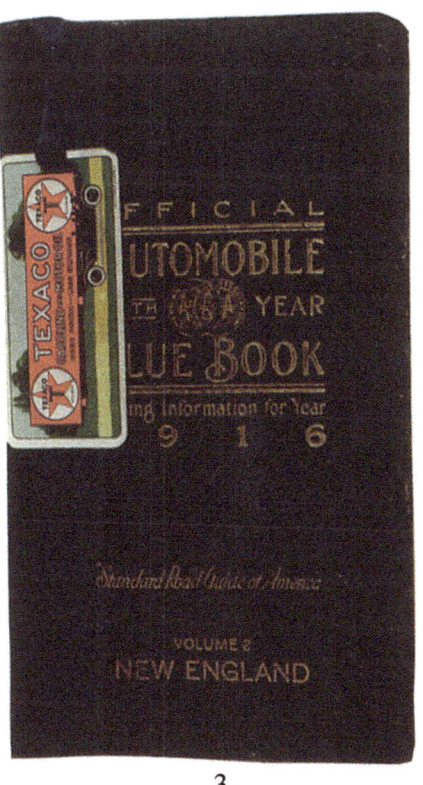

3 4

1. Thorobred tin two gallon. 11" h. 8" w. **$50-$150.**

2. Thoro Lube tin two gallon. 11" h. 8" w. **$25-$75.**

3. Tidex metal body globe with two lenses. 15" dia. **$250-$425.**

4. Tidex tin two gallon. 11" h. 8 1/2" w. 5 3/4" d. **$20-$40.**

5. Tiger Motor Oil tin quart rare. 5 1/2" h. **$500-$800.**

6. Tiger Oil tin quart. 5 1/2" h. **$50-$150.**

7. Tiger Oil tin five gallon. 10 1/2" h. **$100-$250.**

8. Tiger cup grease tin. 4 1/2" h. 3 1/2" dia. **$30-$90.**

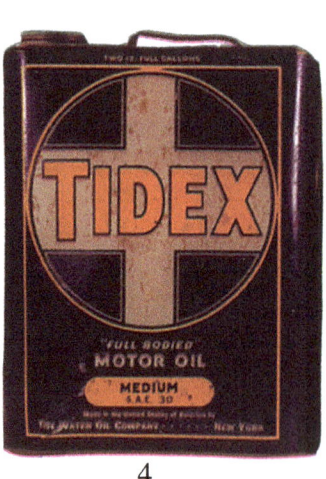

1. Tiolene Oil tin gallon. 11" h. 8" w. 3" d. **$25-$75.**

2. Tiolene Oil tin gallon. 10 1/2" h. **$25-$125.**

3. Tiolene Motor Oil porcelain sign. 25 1/2" dia. **$200-$450.**

4. Tiolene Motor Oil porcelain sign. 18" h. 70" w. **$100-$250.**

229

1

2

1. Tomahawk Motor Oil tin two gallon. 11 1/2" h. **$50-$1000.**

2. Track-Side Economy metal body globe with two lenses. 15 1/2" dia. **$300-$550.**

3

4

3. Traffic Motor Oil tin two gallon. 11 1/2" h. **$25-$50.**

4. Transport Motor Oil tin two gallon. 10 1/2" h. 8 1/2" w. **$250-$400.**

5

6

5. Transport Gasoline glass body globe with two lenses. 13 1/2" dia. **$300-$600.**

6. Triumph Motor Oil tin two gallon. 11 1/2" h. 8 1/4" w. 5 1/4" d. **$10-$35.**

1. Trop-Artic Auto Oil tin half gallon. 6 1/4" h. **$600-$1200.**

2. Trop-Artic Auto Oil tin cup. 14" h. **$250-$500.**

3. Trop-Artic Motor Oil tin five gallon. 14" h. **$150-$300.**

4. Trop-Artic wood thermometer. 21" h. 6 1/2" w. **$50-$125.**

1. Troco Motor Oil tin quart.
5 1/2" h. 4" dia. **$15-$30.**

2. Tulane Motor Oil tin two gallon.
11" h. **$40-$75.**

3. Tulsa Hi-Test lens. 13 1/2" dia.
$100-$175.

4. Tydol H-D Motor Oil tin quart.
5 1/2" h. 4" dia. **$30-$60.**

5. Tydol Motor Oil tin quart.
5 1/2" h. **$30-$60.**

6. Tydol Motor Oil tin quart.
5 1/2" h. **$30-$60.**

7. Tydol Flying A glass pump top.
6" h. 14 1/2" w. 6 1/2" d.
$400-$600.

8. Tydol Flying A glass pump top.
6" h. 14 1/2" w. 6 1/2" d.
$400-$600.

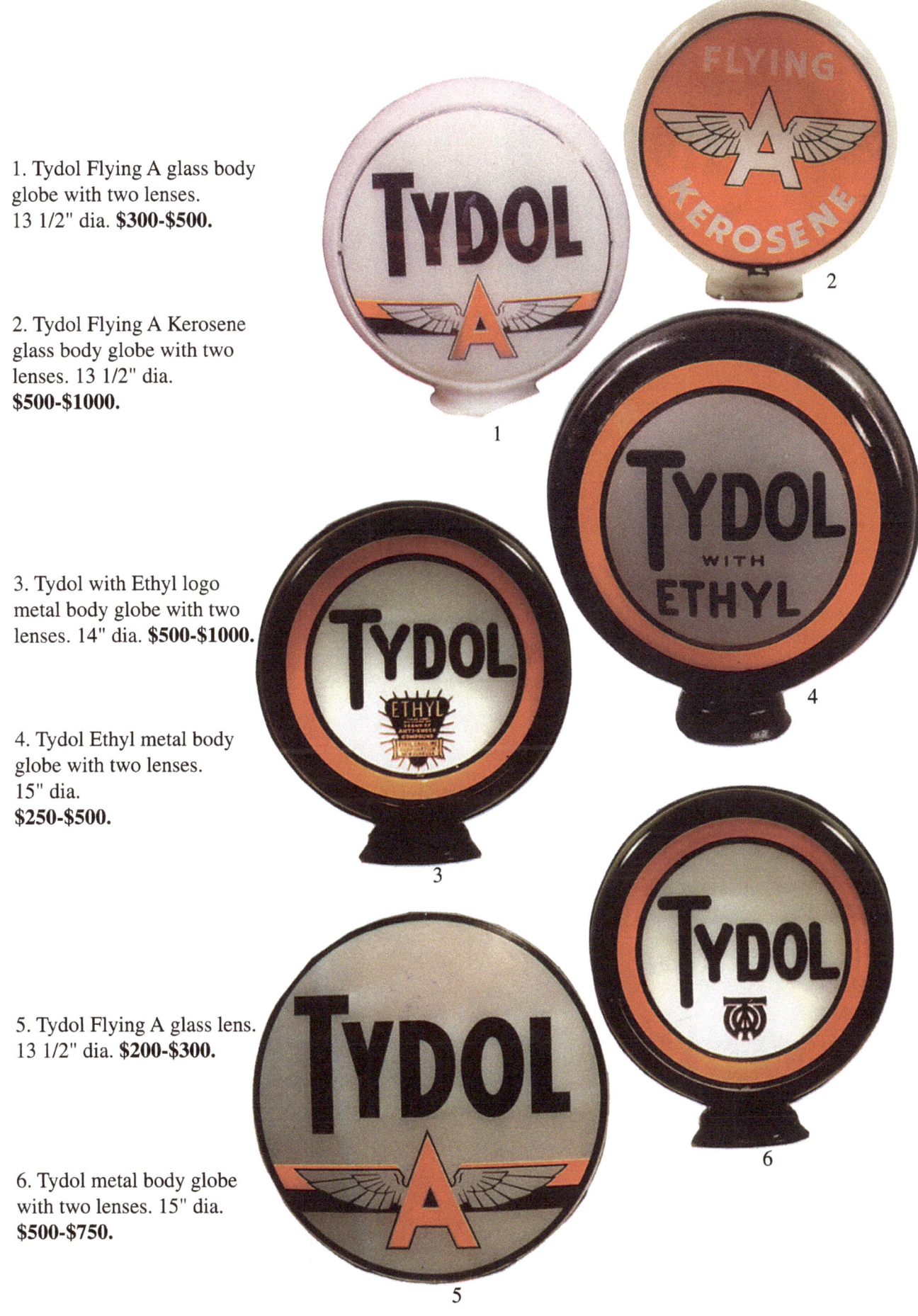

1. Tydol Flying A glass body globe with two lenses. 13 1/2" dia. **$300-$500.**

2. Tydol Flying A Kerosene glass body globe with two lenses. 13 1/2" dia. **$500-$1000.**

3. Tydol with Ethyl logo metal body globe with two lenses. 14" dia. **$500-$1000.**

4. Tydol Ethyl metal body globe with two lenses. 15" dia. **$250-$500.**

5. Tydol Flying A glass lens. 13 1/2" dia. **$200-$300.**

6. Tydol metal body globe with two lenses. 15" dia. **$500-$750.**

1. Tydol Flying A glass insert. 13 3/4" h. 14 3/4" w. **$75-$125.**

2. Tydol Flying A porcelain pump sign. 10" dia. **$100-$300.**

3. Tydol Flying A porcelain pump sign. 10" dia. **$150-$225.**

4. Tydol Ethyl porcelain pump sign. 10" dia. **$125-$175.**

5. Tydol Flying A Super Extra porcelain pump sign. 10" dia. **$175-$250.**

6. Tydol Ethyl porcelain sign. 30" dia. **$200-$300.**

7. Tydol Flying A porcelain sign. 30" dia. **$1200-$1800.**

1. Tydol Flying A. Aero-Type Gasoline porcelain sign rare. 36" dia. **$1000-$1750.**

2. Tydol Gasoline porcelain sign. 42" dia. **$150-$250.**

3. Tydol Flying A plastic clock. 15" dia. 4 1/2" d. **$175-$300.**

4. Tydol battery service kit. 12" h. 11" w. **$200-$400.**

5. Tydol celluloid button. 1 3/8" dia. **$30-$90.**

6. Tydol tin license plate attachment. 6 1/2" h. **$40-$90.**

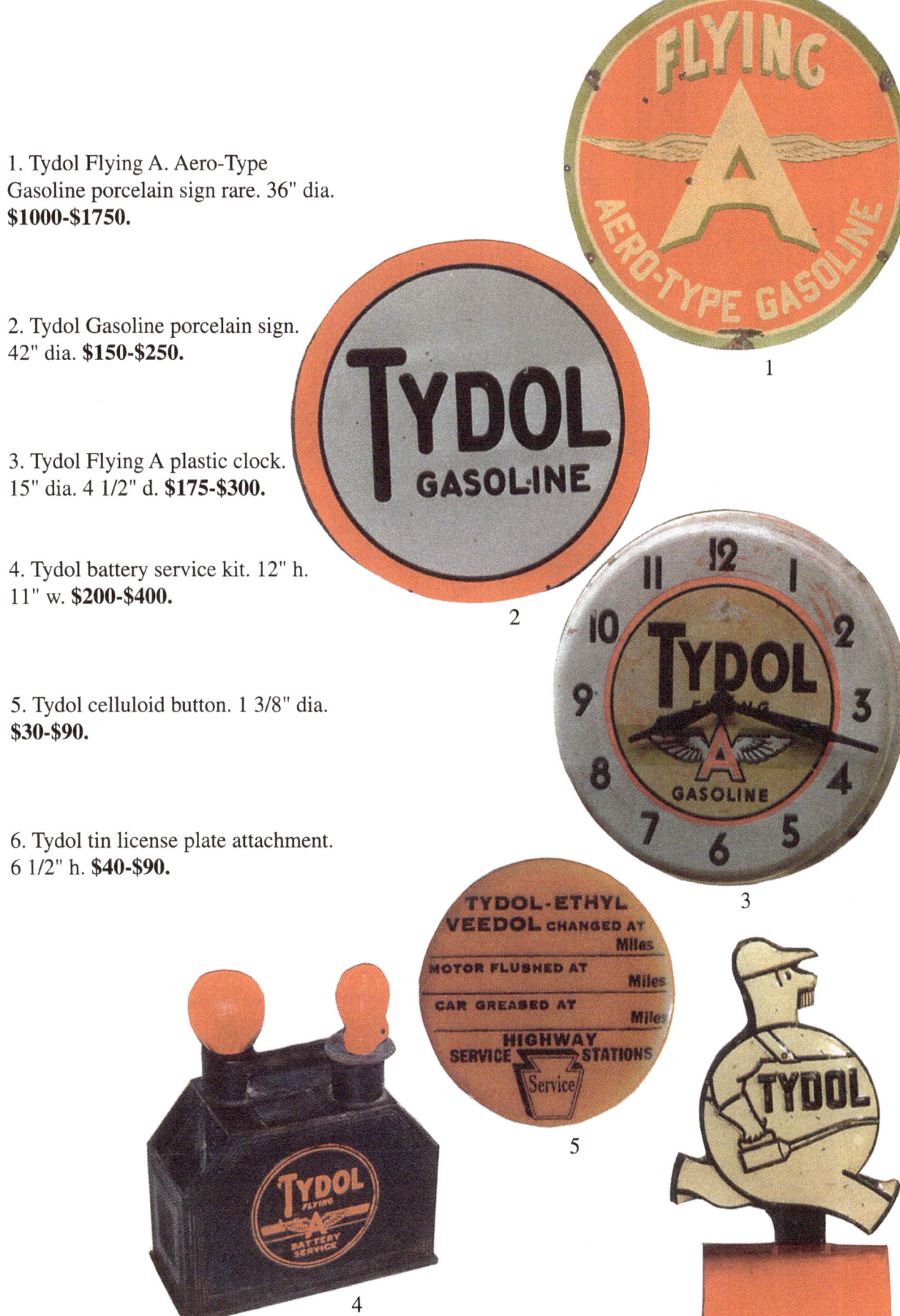

1. Ultra-Penn Motor Oil tin sign.
16 1/4" h. 10" w. **$75-$125.**

2. United one piece glass globe.
15 1/2" dia. **$400-$1200.**

3. Union 76 No Smoking porcelain sign.
11 3/4" h. 15" w. **$100-$200.**

4. Union 76 Marine Gasoline porcelain sign.
11 1/2" dia. **$100-$300.**

5. Unoco Motor Oil tin sign.
13 1/2" h. 20" w. **$100-$200.**

1. Valvoline tin five quart Motor Oil. 9 1/2" h. 6 3/4" dia. **$50-$150.**

2. V.H.S.S.CO. Noc-Les Gasoline metal body globe with two lenses. 15" dia. **$400-$750.**

3. Valvoline household lubricant tin. 5 3/4" h. **$50-$150.**

4. Valvoline Motor Oil tin sign. 59 1/2" h. 11 1/2" w. **$100-$175.**

5. Valvoline lubster. 34" h. **$175-$325.**

6. Valvoline lubster metal sign. 7" dia. **$100-$175.**

1. Valvoline painted metal sign. 24" dia. **$80-$200.**

2. Valvoline Go-Mix Outboard Fuel glass body globe with two lenses. 13 1/2" dia. **$250-$400.**

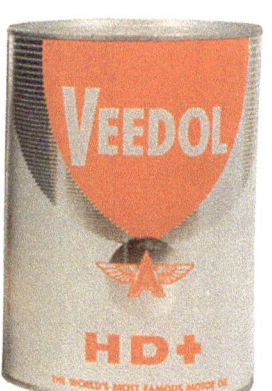

3. Veedol HD+ tin quart. 5 1/2" h. **$5-$25.**

4. Veedol Motor Oil tin quart. 5 1/2" h. **$15-$35.**

5. Veedol 10-30 Motor Oil tin five quart. 9 1/2" h. **$20-$50.**

6. Veedol Motor Oil tin five quart. 9 1/2" h. 6 3/4" dia. **$20-$50.**

7. Veedol Motor Oil tin gallon. 8 1/2" h. 9" w. **$35-$75.**

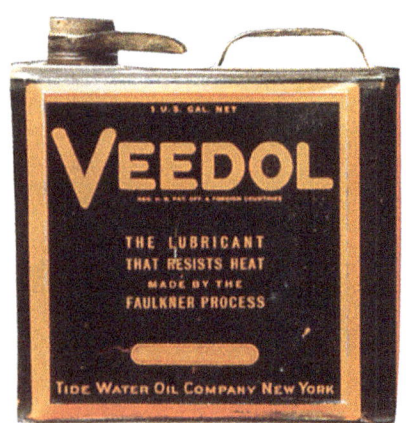

1. Veedol Forzol Motor Oil tin gallon. 8 1/4" h. 9" w. **$100-$150.**

2. Veedol 30 cents a qt. tin sign. 9 1/4" h. 9 1/4" w. **$175-$250.**

1

2

3. Veedol Winter Grades cardboard advertisement framed. 28" h. 22" w. **$150-$325.**

3

4. Veedol Motor Oil porcelain sign. 28" h. 22" w. **$200-$450.**

5. Veedol Motor Oil porcelain sign. 29" h. 22" w. **$350-$600.**

4

5

1. Veedol painted metal sign. 10 1/2" h. 17 1/2" w. **$150-$250.**

2. Veedol painted metal sign. 12" h. 22 1/2" w. **$25-$100.**

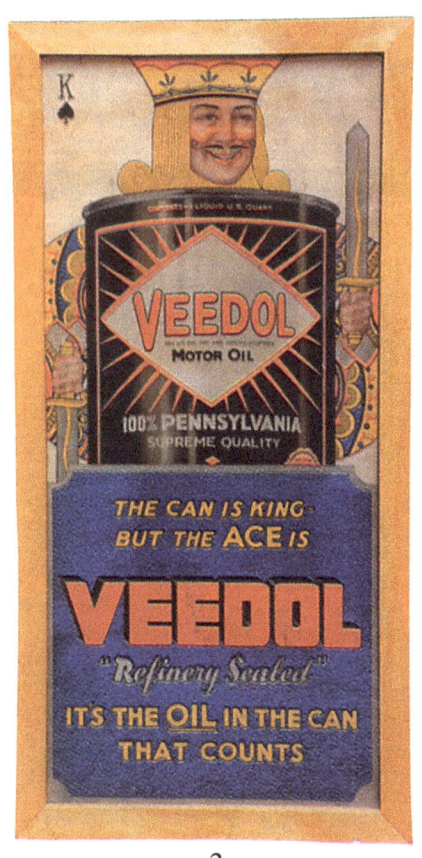

3. Veedol paper poster framed. 64" h. 32" w. **$400-$800.**

4. Veedol Motor Oil tin sign. 72" h. 15" w. **$100-$300.**

1. Veedol skater tin sign. 18 1/4" h. 9 1/4" w. **$1000-$1500.**

2. Veedol metal curb sign. 2 1/2" h. 28 1/2" w. **$100-$250.**

3. Veedol paper lubrication guide. 17" h. 13 1/2" w. **$25-$50.**

4. Visible Gasoline one piece glass globe. 15" h. 13" w. **$500-$1200.**

5. Wadhams cardboard radiator cover. 15 1/2" h. 24 1/2" w. **$50-$150.**

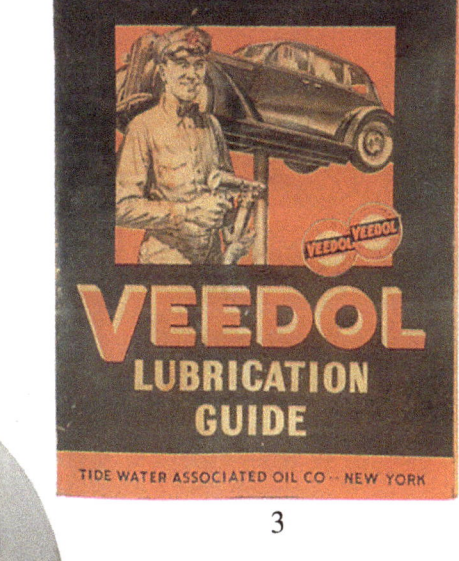

1. Wake Up Viz Motor Oil tin two gallon. 11" h. **$80-$200.**

2. War Chief Motor Oil tin two gallon. 11" h. **$20-$80.**

3. WOW Motor Oil tin quart. 5 1/2" h. 4" dia. **$80-$200.**

4. Waverly Motor Oil tin gallon. 11" h. 8" w. **$5-$25.**

5. WOW one piece glass globe. 16 1/2" h. **$1800-$2500.**

6. Waverly Oils and Gasoline porcelain flange sign. 10" h. 16" w. **$2000-$3500.**

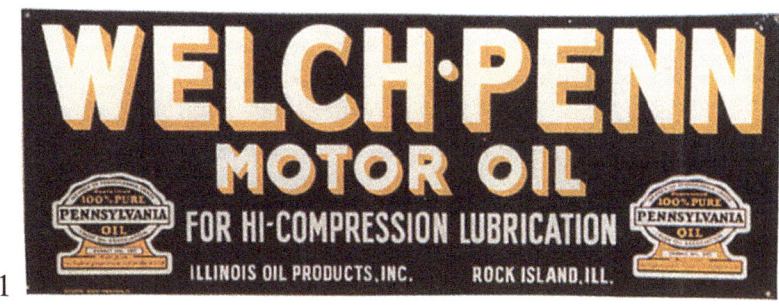

1. Welch-Penn Motor Oil tin sign. 9" h. 24" w. **$150-$250.**

2. Welch Motor Oil tin sign. 9" h. 24" w. **$225-$350.**

3. Whippet Motor Oil tin two gallon. 10 1/2" h. **$150-$250.**

4. White Eagle tin one pound grease. 4 1/2" h. 3 1/2" dia. **$50-$100.**

5. White Eagle one piece glass globe. (Sharp nose) 21" h. **$1500-$3000. *CAS note: Full feathered brings more.**

6. White Eagle Gasoline and Oil porcelain sign. 30" dia. **$300-$600.**

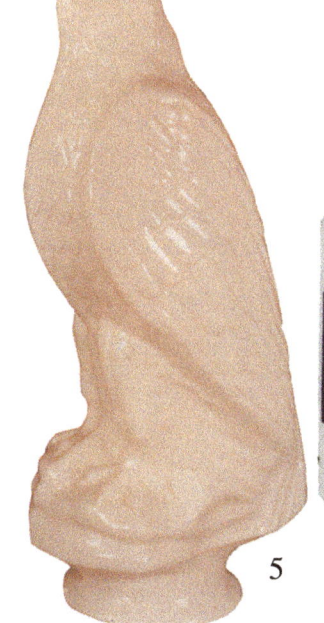

Note: All White Rose is Canadian.

1. White Rose Imperial tin quart. 6 1/2" h. 4" dia. **$50-$100.**

2. White Rose Outboard Motor Oil tin quart. 6 1/2" h. **$50-$125.**

3. White Rose Imperial tin quart. 6 1/2" h. **$40-$100.**

4. White Rose tin one pound grease cup. 4" h. **$25-$50.**

5. White Rose tin five pound grease. 4" h. **$50-$125.**

1. White Rose Tune tin. 3" h.
$50-$125.

2. White Rose plastic body globe with two lenses. 13 1/2" dia.
$250-$450.

3. White Rose glass body globe with two lenses. 13 1/2" dia.
  $750-$1500.

4. 3 piece set White Rose porcelain sign. Rose is 48" dia. Ends are 18" h. 17 1/2" w. Sign is 20" h. 120" w.
$2200-$3500.

1. White Rose porcelain chalkboard. 77" h. 57 1/2" w. **$450-$1000.**

2. White Rose lube sign. 7 1/2" h. 6" w. **$100-$250.**

3. White Rose painted metal sign. 40" dia. **$750-$1200.**

4. White Rose radio. 6 1/2" h. 4 1/2" dia. **$75-$175.**

1. White Rose tin sprayer with glass container to hold fluids. 12 1/2". **$25-$75.**

2. Wolf's Head Motor Oil tin gallon. 9 1/4" h. **$40-$80.**

3. Wolf's Head metal curb sign top. 36" h. 25" w. **$100-$200.**

4. Wolf's Head metal flange sign. 22" h. 17" w. **$75-$125.**

1. Wolf's Head metal sign. 30" h. 23" w. **$100-$200.**

2. Wolf's Head metal flange sign. 22" h. 17 1/4" w. **$75-$125.**

3. Your Friend Motor Oil tin two gallon. 11 1/2" h. **$25-$75.**

4. Zephyr glass body globe with two lenses. 13 1/2" dia. **$300-$500.**

1. Zephyr glass body globe with two lenses. 13 1/2" dia. **$400-$650.**

2. Zephyr Gasoline glass body globe with two lenses. 13 1/2" dia. **$100-$250.**

3. Zephyr Ethyl glass body globe with two lenses. 13 1/2" dia. **$300-$600. *CAS note: With original red ripple body add $500.**

4. Zeppelin Motor Oil tin two gallon. 10 1/2" h. 8 1/2" w. 5 3/4" d. **$100-$225.**

5. Zeppelin Motor Oil tin two gallon. 10 1/2" h. **$250-$400.**

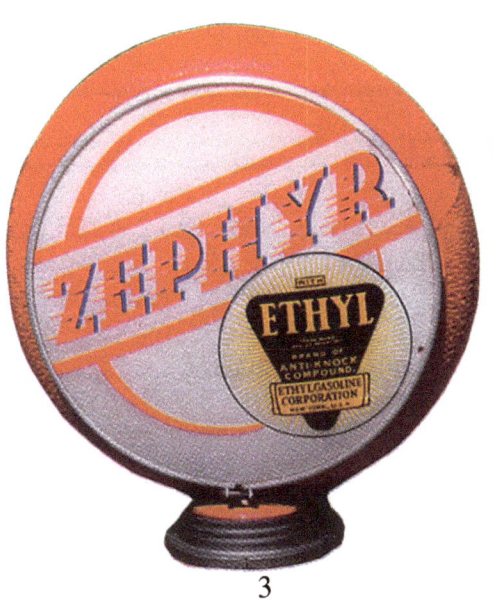

NOTES ON THE SUBJECT OF: PETROLIANA

NOTES ON THE SUBJECT OF: PETROLIANA

Reproduction Signs

Be careful: The items pictured here were produced with the intent to deceive the unwary buyer. What follows are just a few examples of forgeries, which are becoming more and more common. This is only a sampling and all buyers should take steps to ensure that they are investing in authentic items. Make sure you buy from a reputable dealer, buy cautiously and use common sense.

Shown are two reproduction calendars that have surfaced in recent months. There are no doubt other scenes that have been produced but we are not aware of them as of this printing. The West Coast company "Gilmore" is highly sought after. Its popularity is no doubt the reason for the recent forgeries. Beware of any paper that looks too good to be true as far as condition is concerned. Your first instincts when you look at a piece are almost always the correct ones. Paper that has the telltale dark, evenly stained edge around the perimeter of its reverse side is a dead giveaway that the piece is not right.

The only way to combat existing forgeries in the hobby is to educate yourself as to what's out there. If you see a vendor selling these types of items, don't assume that he knows that they are fakes. If you get stung you need to return the item to the original seller. If enough people follow these simple suggestions the forgers will ultimately have no marketplace in which to peddle their goods. Knowledge of your hobby will make it more fun, safer to invest in and certainly more profitable in the long run.

Correct Sign

Reproduction Sign

Note the colors of the correct sign. The background color is more of an olive-green. The background colors of the reproduction sign are more in the forest-green family. Also note that the word "Susanna" on the correct sign is legible, while the same word on the forged one is obscure. In addition, the "T" in Texaco is not outlined in black like the reproduction sign.

Reproduction / Fantasy Sign

A Texaco "Aviation Oils" sign like this never existed. This is an example of a sign that is meant to deceive the unwary buyer. The only way to be sure this was a reproduction sign was to chemically test the paint in a controlled laboratory environment. Sure enough! This sign tested positive for being a reproduction sign. Looks right...feels right...but it is a total phony!

www.ingramcontent.com/pod-product-compliance
Lightning Source LLC
Chambersburg PA
CBHW061124010526
44115CB00024B/2999